NORMANDIE

Als ich klein war, schickte mich bei Herbstbeginn ein
schnurrbärtiger Onkel aufs Feld, wo ich inmitten von Kuhfladen
die von den Bäumen gefallenen Äpfel auflesen mußte.
Mein voller Korb wurde sogleich «Rasière» getauft, und ich
wußte dann, daß er dazu beitragen würde, die Presse
zu füllen, wo inmitten eines Ätherdufts, in dem der Erdball
offensichtlich eines seiner Geheimnisse preisgab,
majestätisch der Apfelwein entstand. Der erste Saft schmeckte
würzig wie die Welt am ersten Tag … Zwei Tage später
wurde der diesjährige Calvados in Fässer gefüllt. Einen Monat
darauf sangen die Leute im Dorf wesentlich lauter.

ANTOINE BLONDIN, Calvados und Camembert, 1967

Blick auf die berühmte Felsnadel und auf das Felsentor Porte d'Aval bei Étretat.

Das Wasserschloß Château d'O in der Nähe von Sées.

REISEN IN EUROPA
NORMANDIE

Fotos Dieter Strauß
Text Paul Otto Schulz · Margret Schulz-Wenzel

BUCHER

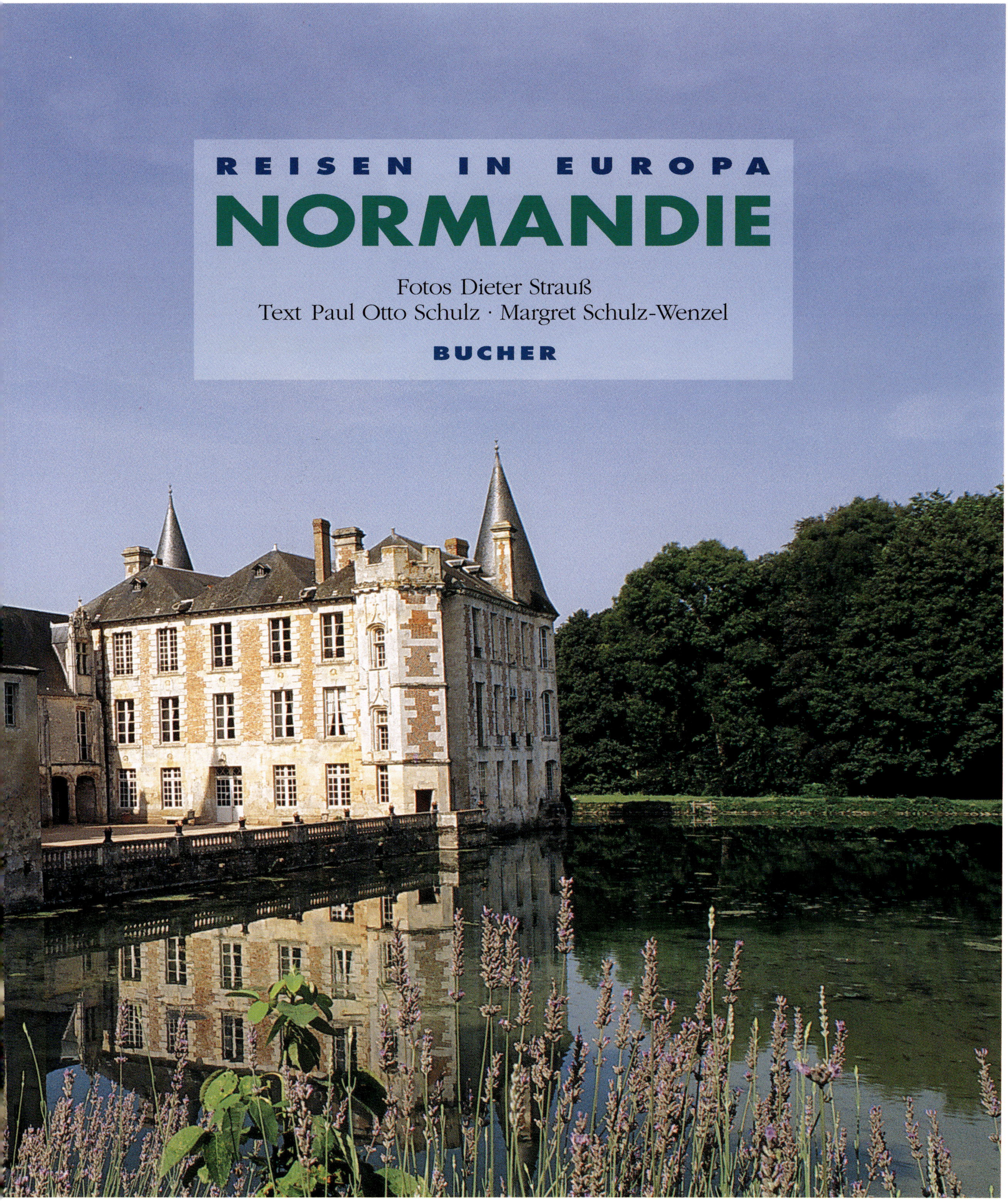

NORMANDIE – LAND AM MEER

Paul Otto Schulz

Links oben: Bei Feierlichkeiten sieht man häufig noch Mädchen und Frauen in normannischer Tracht mit bestickten Schultertüchern und gestärkten Baumwollhauben, den «bonnets».

Links unten: Cidre, Calvados und Käse sind der Inbegriff normannischer Lebensart.

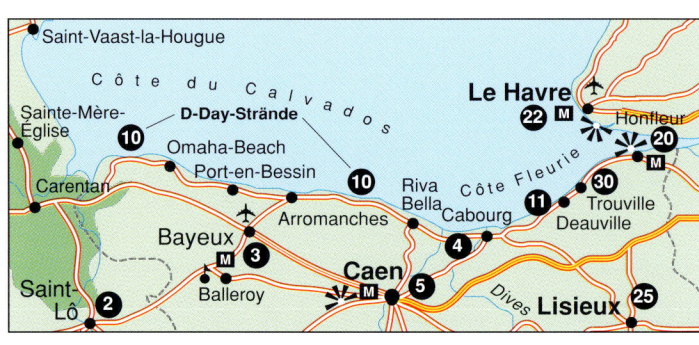

Am weitläufigen Strand des Seebades Dieppe.

NORMANDIE – LAND AM MEER

Von Paris aus Kurs Nordost, und man erreicht nach rund 50 Kilometern die Grenze zur Normandie. Wenn man nicht dem Expreß Paris–Rouen – Le Havre den Vorzug gibt, wählt man eine der Fernstraßen: die Autobahn A 13 oder die Nationalstraße N 14. Hat man Vernon oder das Tal der Epte erreicht, lockt die Provinz mit Straßen, wie man sie aus Reisebeschreibungen der Belle Époque zu kennen glaubt, als man noch sportiv im offenen Roadster durch die schattigen Tunnelröhren uralter Alleen dahinratterte. Sattgrün erstrecken sich Wiesen zu beiden Seiten, begrenzt von Hecken und Baumreihen, die dem Land eine strenge Ordnung geben. Es sei denn, die Apfelbaumblüte bringt die ganze

Normandie ins Träumen. Zur Einstimmung sollte man Giverny besuchen. Und das heißt: den Garten Claude Monets (siehe Seite 14). An einem begnadeten Sommertag sollte es sein, wenn man das Gartentor aufstößt und sich demselben Farbenrausch, wie ihn der Großmeister und Namensgeber des Impressionismus sah, überläßt. Monet komponierte die Abfolgen und Arrangements der Blumen und Blüten in seinem Garten, wobei er stets an seine Palette dachte, ja vielleicht schon die zu malenden Ölbilder vor seinem geistigen Auge sah. In Giverny verlebte der Maler seine fruchtbarste und glücklichste Zeit, und man kann sagen, daß sich dieses Glück dem Besucher mitteilt.

IM TAL DER SEINE

Im ausgehenden 19. Jahrhundert mußte man noch Prophet sein, um, wie Victor Hugo es tat, vorauszusagen, daß Paris, Rouen und Le Havre irgendwann einmal zu einer einzigen Stadt zusammenwachsen würden, mit der Seine als «Boulevard». Heute spricht niemand mehr davon, hat man doch bereits das sich verdichtende «Endprodukt» vor Augen. Prophetisch wäre es heute, der Region den Namen Seine-Valley-City zu verleihen. Wer aber auf der Uferstraße den Schleifen des Stroms folgt, findet unvermittelt noch idyllische Flecken, normannische Gehöfte und Gebäudegruppen, Uferauen vor exotisch anmutenden Kreidefelsen, bukolische Picknickplätze neben friedlich grasenden Herden.

Doch zunächst nach Vernon, für den Pariser das Tor zur Normandie: Rollo oder Hrolf, der Anführer der skandinavischen Wikinger, das heißt «Nordmänner», soll diesen Ort am Ufer der Seine im 9. Jahrhundert gegründet haben. Viel mehr als einen Ankerplatz für seine Drachenschiffe und ein Lager für die Gefährten und die Beutestücke wird er aber kaum etabliert haben, jener sagenumwobene erste «Herzog» der Normandie. Seine Nachfolger allerdings legten hier einen befestigten Ort an, der zur Vertei-

Die Hafenstadt Honfleur an der Côte Fleurie wurde durch die Malerschule Saint-Siméon, die Eugène Boudin ins Leben rief, Ende des letzten Jahrhunderts zu einem beliebten Künstlerort. Auch Alfred Stevens (1823 – 1906) hielt im Porträt von seinen Geschwistern den Blick auf den Hafen von Honfleur fest (Öl auf Leinwand, 1891, Paris, Musée d'Orsay).

In Rouen, der Hauptstadt der Normandie. Berühmt ist Rouen für seine Fachwerkhäuser, die nach den schweren Zerstörungen des Zweiten Weltkriegs in jahrelanger Arbeit wiederaufgebaut und restauriert wurden.

Der Hafen von Honfleur dient immer wieder Malern als Motiv. Schon für die Impressionisten, die im 19. Jahrhundert in Honfleur arbeiteten, zählte er zu den reizvollsten Bildthemen.

digungslinie ihrer Ostgrenze zu Frankreich gehörte wie auch die starke Feste Gisors. Der kräftige Turm einer Burg, die König Philipp August im 12./13. Jahrhundert nahe der Brücke errichtete, blieb noch erhalten. Sehenswert sind die pittoresken mittelalterlichen Fachwerkhäuser rund um die Kirche Notre-Dame mit der schönen Fensterrose (12.–16. Jahrhundert) und in der Rue Carnot und der Rue Potard.

HANDSCHLAG MIT DEM WIKINGER

Bevor wir uns von den Schlangenwindungen der Seine hinuntergeleiten lassen, spüren wir der Fährte jenes furchterregenden Rollo nach, die uns die Epte entlang hinauf zur Dorfkirche von Saint-Clair-sur-Epte führt. Hier, am karolingischen Altar des Märtyrers Clarus, schwor Rollo, der hünenhafte Schlagmichtot, im Jahr 911 dem König von Frankreich den Treueeid als Vasall und erster Herzog der Normandie. König Karl III. strafte mit diesem Staatsakt – der mit Handschlag besiegelt wurde – seinen Beinamen «der Einfältige» Lügen, denn es war ihm ein genialer Schachzug gelungen. Schließlich hatte es sich erwiesen, daß diese barbarischen Horden mit dem Schwert nicht zu bändigen waren. Und der rote Rollo, schon in den Sechzigern und entweder weise oder kampfesmüde geworden, tat ebenfalls einen guten Zug: Er ließ sich nun de jure das verbriefen, was die Nordmänner seit ihren Überfällen, die um das Jahr 840 begonnen hatten, de facto schon längst besaßen – mehr oder weniger angefochten. Rollo aber und seine rohen Mannen, so die Bedingung des Königs, mußten sich taufen und französisieren lassen. Taufwasser habe nie zuvor eine vorteilhaf-

Die Neuigkeiten des Tages werden beim Plausch auf der Dorfstraße in Falaise ausgetauscht.

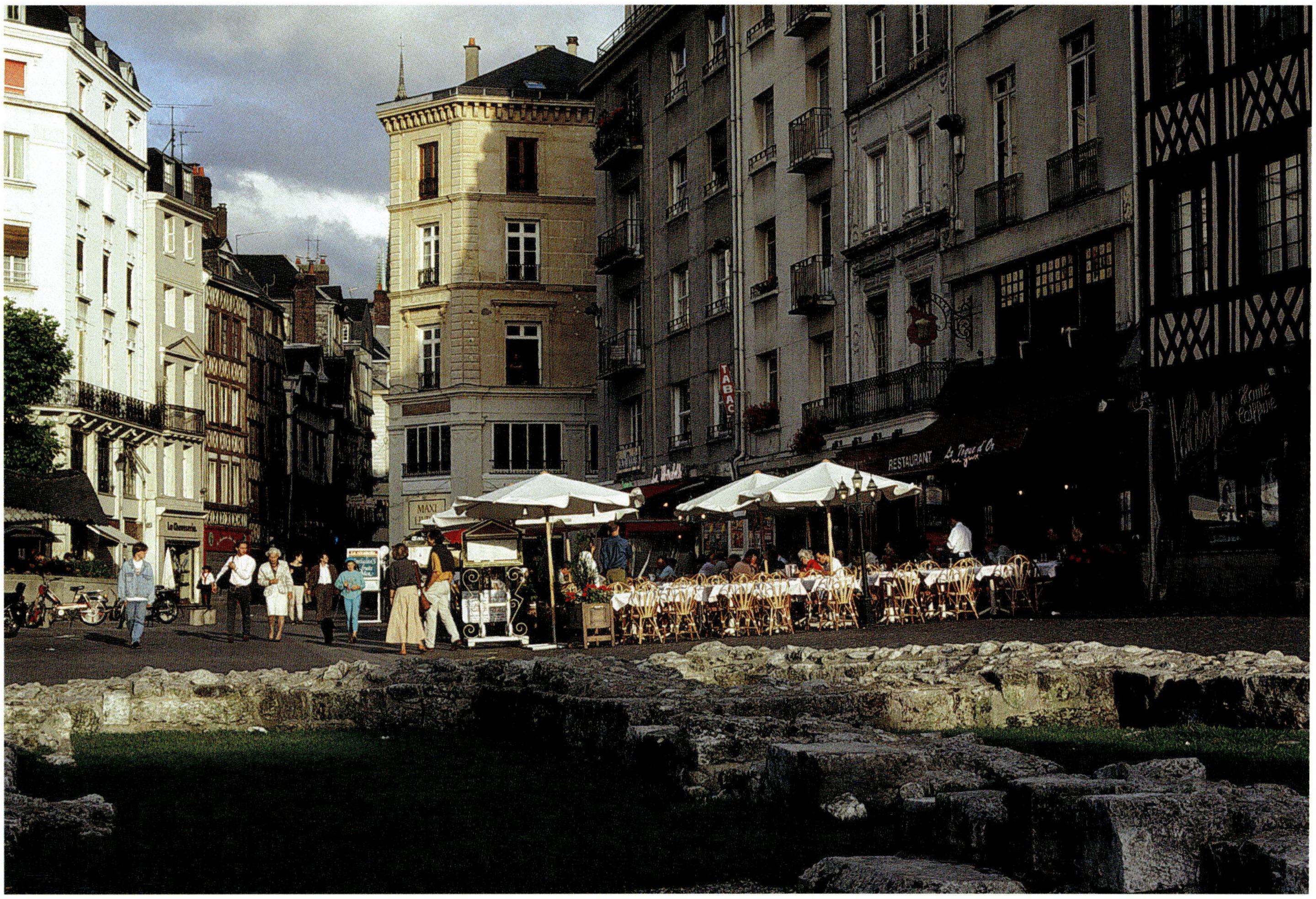

Place du Vieux-Marché in Rouen, ein historisch bedeutender Ort. Hier starb Jeanne d'Arc, heute die Schutzpatronin Frankreichs, am 30. Mai 1431 auf dem Scheiterhaufen (siehe Seite 72).

tere Wirkung erzielt, heißt es. Aber wer kann das sagen? Die Geschichte lehrt in unserem Fall, daß diese vagabundierenden Nordmänner, die bis nach Paris die Landstriche mordend, plündernd und schändend paralysiert hatten, nun fromm wie die Lämmer wurden. Sie siedelten, vertauschten die Streitaxt mit dem Pflug, züchteten Rinder, gründeten Familien. Hatten sie sich vordem die Frauen kurzerhand geraubt, so freiten die edelsten und tüchtigsten unter ihnen nun sittsam die Töchter des Adels und der Wohlhabenden. Ihr Land gedieh, und so förderten die seßhaft gewordenen Wikinger den Klerus, stifteten Kirchen und Abteien, bauten die gebrandschatzten wieder auf, zum Beispiel Jumièges. Und unter dem Einfluß der Priester und Klosterschulen wurden die Kinder der «Nordmänner» französisch parlierende «Normannen», so heißt es offiziell. Aber wer auch nur ein wenig Lebenskenntnis besitzt, der kann sich wohl denken, daß die Kinder, diese bikulturellen «Mischlinge», nicht erst in der Betstunde, sondern bereits mit den ersten Worten die Sprache der einheimischen Mutter nachplapperten: Muttersprache. Der kultivierende Einfluß der Frauen und Mütter, von den Pädagogen gern bagatellisiert, hier ist er als historisches Faktum unwiderlegbar. Das *noires*, die altnordische «Vater-Sprache», war nach einem Jahrhundert nahezu vergessen. Bezeichnenderweise hielten sich jedoch skandinavische Wortbrocken in Namen von Besitztümern und Orten (zum Beispiel *beuf* = Haus, *bec* = Bach, *dale* = Tal, *fleur* = Fjord, Bucht, Hafen). Kurz, die Normannen haben sich relativ schnell der vorgefundenen Kultur angepaßt und sich, wie es André Maurois formulierte, «vom lateinischen Geist durchdringen lassen».

Blumenverkäuferin vor einem der zahlreichen Fischrestaurants in Honfleur.

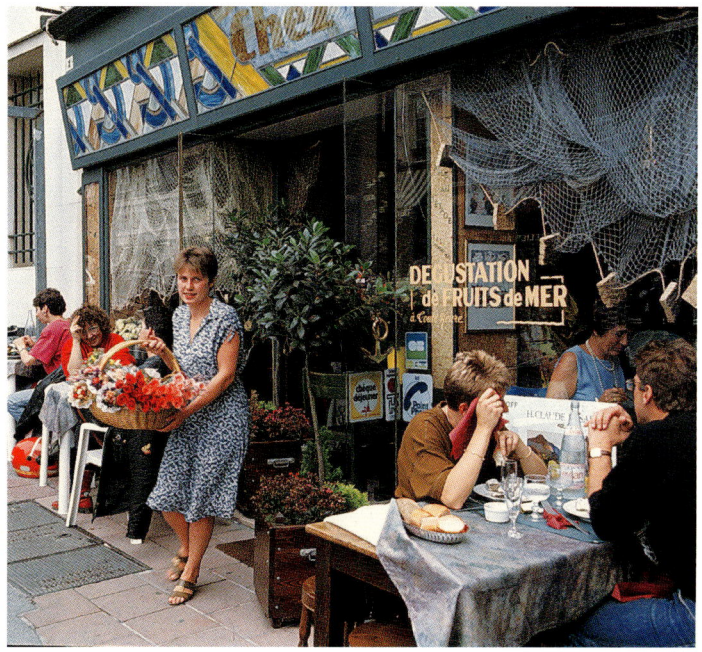

Fortsetzung Seite 19

Zu den berühmtesten Gemälden der impressionistischen Malerei gehören die großen Seerosenbilder Claude Monets (1840–1926). Die Motive für diese Bilder fand Monet in seinem Gartenparadies, das er sich in Giverny an der Mündung des Flusses Epte in die Seine anlegen ließ. Der Garten ist heute vielbesuchtes Ausflugsziel.

IM ZAUBERREICH DES SEEROSENTEICHS

Der Garten des Malers Claude Monet in Giverny

«Seerosenteich» mit der japanischen Brücke im Garten von Giverny (Öl auf Leinwand, 1899).

Flammende Blumenrabatten auf der generösen Farbskala von Rosarot bis zum schattigen Violett: Der Weg lodert wie provenzalische Erde, die Bäume neigen sich unter der Blütenpracht, die sich durch die dunklen Töne des Laubs drängt, Stauden leuchten in Kobalt und Himmelblau – Reflexe im Teich, Andeutungen eines Hauses. Dieses großartige Gemälde des Impressionisten Claude Monet trägt den prosaischen Titel: «Der Garten des Künstlers von Giverny», gemalt 1900. Aber hätte er den Garten

fungsprozeß mit einbezogen. Sehr genau wurde geplant, wo, wann, was in welcher Form und Farbe zu wachsen und zu blühen hatte, im höheren Auftrag der Kunst: Der Schnee wich den Schneeglöckchen, den Primeln und Narzissen. Die blaue Iris leuchtete unter den zartrosa Bällen japanischer Kirsche. Und der Obstgarten prangte wie eine einzige Blütenwolke. Im Sommer überdachte den von Kapuzinerkresse überwucherten Hauptweg ein dichter Rosenflor. Blüten oder besser Farben wetteiferten miteinander auf jedem Fleckchen: Rhododendren, Nelken, Anemonen, Rittersporn, Sonnenblumen … Der Herbst bescherte die satten Rottöne der Dahlien. Mit den Jahren entstand ein Malergarten mit über 75 Pflanzenarten.

Daß der Künstler dieses Gartenparadies zwar allein komponieren, aber nicht realisieren und pflegen konnte, braucht nicht betont zu werden. Mit der Zeit gingen ihm sechs Gärtner zur Hand, zumal noch ein Gemüsegarten und ein Geflügelhof hinzugekommen waren. Das Haus war ausgebaut worden, und schließlich gab es drei Ateliers. Die Fassade in Pink mit weißgrau gefaßten Fenstern und Türen und die Fensterläden waren in «Monet-Grün» gehalten. Das Eßzimmer in Gelb mit japanischen Holzschnitten, das Lesezimmer in Blau, die Küche mit den blauweißen Kacheln … Hier entstanden die berühmten Serienbilder: die «Kathedrale von Rouen», die «Pappeln» und die «Seerosen»: die märchenhaften «Nymphéas».

Zu den bekanntesten Gemälden Monets gehört die Serie der Seerosenbilder, die «Nymphéas».

«Das Paradies des Künstlers …» genannt, niemand würde sich wundern. Das Grundstück mit Garten und Haus hatte der Maler im April 1883 in Giverny, das am Zusammenfluß der Epte mit der Seine in einer anregenden idyllischen Landschaft liegt, gemietet. Nach Jahren äußerster Not brachte Giverny dem 42jährigen Pariser Monet Glück: Im Jahr 1890 konnte er schließlich den Besitz kaufen. 1892 heiratet er in zweiter Ehe Alice, die Witwe seines 1877 in Konkurs gegangenen Sammlers und Mäzens Ernest Hoschedé. Acht Kinder bevölkerten von nun an Haus und Garten, sechs brachte Alice in den Ehe-

bund, zwei der Witwer Claude aus der Ehe mit dem Modell Camille.

1893 vergrößerte er das Anwesen durch Zuerwerb und leitete das Flüßchen Ru um, um damit einen großen Teich zu speisen, in den er Seerosen pflanzte. Die Ufer besetzte er mit Iris, Schilf und Bambus. 1895 baute er neben Trauerweiden und Goldregen die japanische Holzbrücke – auch sie wurde berühmt durch Monets Bilder (siehe oben). Der Garten von Giverny wurde zu einem unerschöpflichen Quell an Motiven. Aber die Inspiration wurde nicht dem Zufall überlassen. Die erhabene Natur wurde als Komplizin in den Schöp-

Claude Monet (links) und Gustave Geoffrey im Gartenparadies von Giverny (Foto um 1915).

Im Garten von Giverny, dem einstigen Wohnsitz des Impressionisten Claude Monet. Im Zentrum des Wassergartens liegt der Teich mit den Seerosen, den Trauerweiden und der japanischen Holzbrücke, die der Künstler auf seinen zahlreichen Gemälden immer wieder in neuem Licht festgehalten hat (siehe linke Seite oben).

Im Pays d'Auge, einer beschaulichen, vorwiegend landwirtschaftlich geprägten Region.

Beim Gutshof von Coupesarte. Saftige Wiesen, Viehweiden und reetgedeckte Bauernhäuser bilden nicht nur eine ländliche Idylle, sondern sind auch von großer wirtschaftlicher Bedeutung für den Wohlstand der Region. Von hier stammt die Milch, aus der viele renommierte französische Milch- und Käsespezialitäten, wie etwa der berühmte Camembert, gemacht werden.

Die Halbinsel Cotentin, ein Land der Bauernhöfe, Viehweiden und Mühlen – hier bei dem Dorf Hauteville-la-Guichard nordöstlich von Coutances.

DAS IMAGINÄRE WAPPEN

Die Normandie führt die Leoparden der Herzöge im Wappen, bis auf den heutigen Tag. In der Phantasie darf jeder Heraldiker spielen: Und so sehe ich im Schild dieser honorigen Nordregion Frankreichs zunächst auf azurblauem Grund die weiße Taube, die sich beim Feuertod der Jungfrau Jeanne d'Arc zum Himmel aufgeschwungen haben soll; sodann den Anker der Fischer und Seeleute, denn die Normandie ist seit Anbeginn ihre Heimat. Drittens einen bunten Sonnenschirm vor den tiefblauen Wellenlinien des Meeres, wie es die Sommergäste mögen; viertens: ein goldenes Hufeisen, denn die Region vereint die meisten Pferdenarren Frankreichs. Fünftens: statt gekreuzter Schwerter oder vergleichbarer Kriegsinstrumente die Feder der Literaten Corneille, Gustave Flaubert, Guy de Maupassant, Marcel Proust, den Pinsel für die Maler Nicolas Poussin, Eugène Boudin, Claude Monet, Raoul Dufy, Fernand Léger und den Violinschlüssel für den ironischen Komponisten Erik Satie. Last but not least: den Lorbeer der Schlachtfelder und den Palmwedel des Friedens. Ein ausgereifter Calvados sollte den Firnis bilden, von dem die Künstler, wie wir wissen, eine das Werk verklärende Wirkung erwarten.

STOLZE RUINE ENGLISCHER TRÄUME

Von weiteren Tugenden der Normannen, die den Lebensraum der Küsten im Norden der französischen Hauptstadt so nachhaltig prägten, sei später die Rede. Genaugenommen stand nach der Krönung Wilhelms des Eroberers in der Westminster Abbey im Jahr 1066 auch England für rund zweihundert Jahre unter normannischem Einfluß. Englische Könige übten aber auch zeitweise Herrscherrechte über den ererbten Besitz in der Normandie aus, oder sie versuchten es zumindest. Einer dieser Kraftakte, der als der «Hundertjährige Krieg» um den Thron Frankreichs in die Geschichte einging, endete 1450 mit der Räumung der Normandie und dem Verzicht aller kontinentalen Ansprüche seitens der Engländer (Calais gaben sie erst 1558 auf).

Die stolzeste Ruine englischer Träume ist das Château Gaillard bei Les Andelys. «Wie schön ist meine einjährige Tochter!» jubelte Richard Löwenherz, König von England und Herzog der Normandie – wer kennt ihn nicht seit Sir Walter Scotts «Ivanhoe» und den Robin-Hood-Geschichten? Dieser raffinierteste Festungsbau seiner Zeit soll 1197 nach nur einem Jahr gigantischer Bauanstrengungen voll-

endet worden sein. Auf einem 100 Meter hohen Kreidefelsen gelegen, beherrschte Château Gaillard die Machtachse Paris – Rouen – Le Havre – England. König Philipp II. August von Frankreich hatte seinen Druck auf die Briten verstärkt. Aber er wagte die Festung erst anzugreifen, nachdem John Lackland (Johann ohne Land) 1199 dem verstorbenen Kreuzritter und König Richard Löwenherz auf den Thron gefolgt war. Die Militärhistoriker ergehen sich enthusiastisch in Einzelheiten, wie die Verteidiger von Château Gaillard unter ihrem Anführer Roger of

Lascy erst dem Aushungern widerstanden hatten und schließlich bezwungen wurden (wobei der Zugang zur Burg durch die Latrine eine Rolle gespielt haben soll). Die Feste fiel am 6. März 1203, wenig später wurde auch Rouen erobert. Philipp August vertrieb Johann ohne Land und schlug 1204 die Normandie der französischen Krone zu.

DIE STADT DER HEILIGEN JOHANNA

Rouen, das römische Rotomagus, hat seit jenen Tagen, als es an der keltischen «Zinnstraße» der Bronzezeit lag, seine vitale Bedeutung bewahrt. Hauptquartier der Römer, Bischofssitz der Franken,

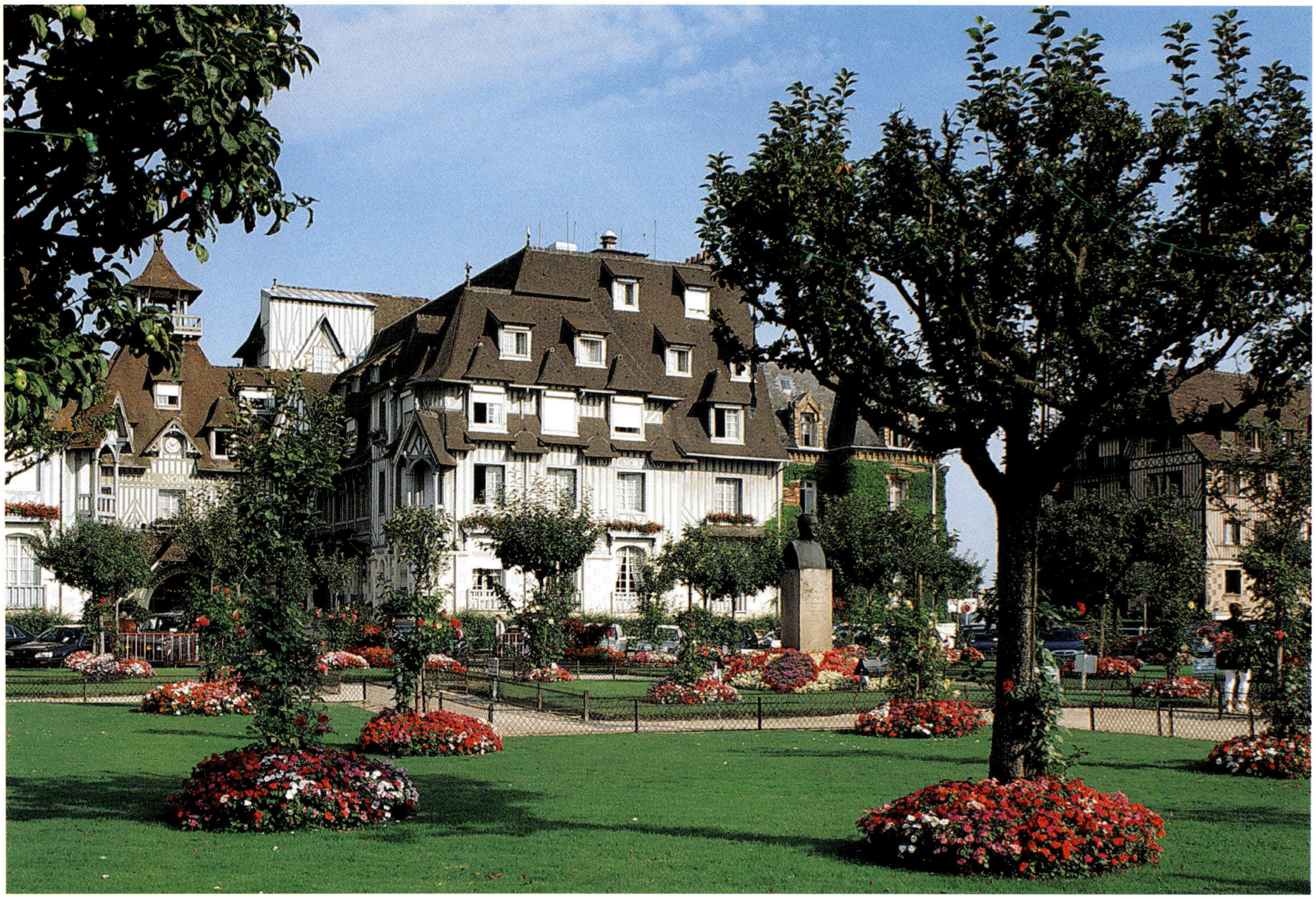

Das «Hotel Normandy» im Seebad Deauville, eines der mondänen Palast-Hotels direkt neben dem Spielcasino.

Château Saint-Germain-de-Livet unweit von Lisieux im Pays d'Auge. Das Schloß mit seiner schachbrettartig gemusterten Ziegelfassade stammt aus dem 16./17. Jahrhundert. Es dient heute der Stadt Lisieux als Verwaltungsgebäude.

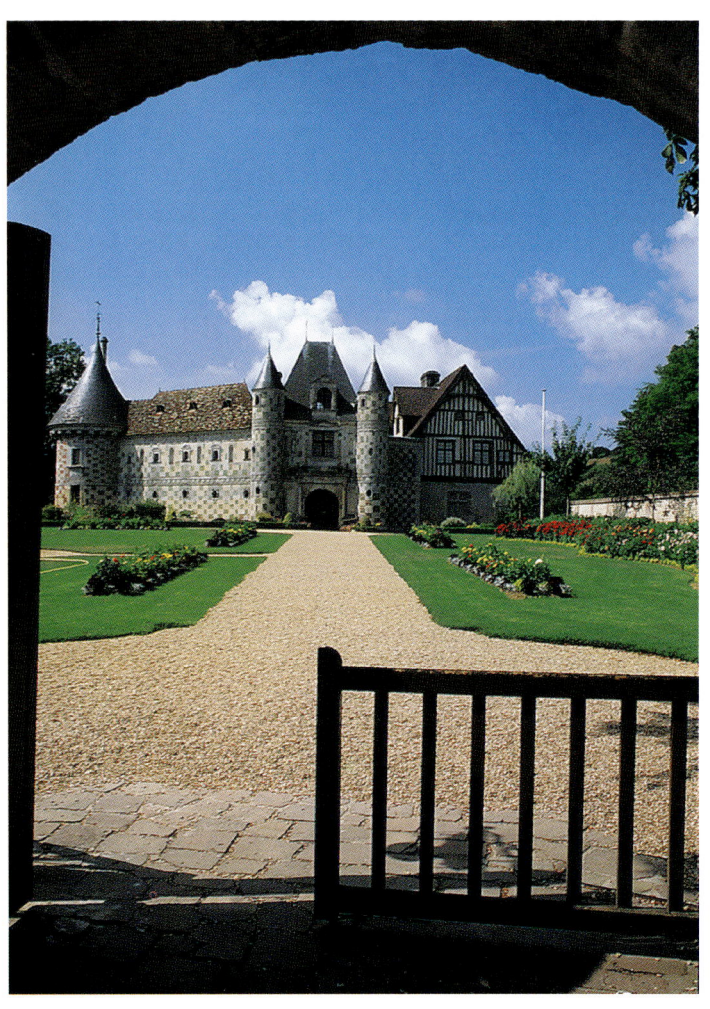

Brückenkopf der Wikinger, Kapitale der Normannen ... Spielball der Könige Frankreichs und Englands. Heute fünftwichtigster Hafen Frankreichs und, obwohl 125 Kilometer vom Meer entfernt, noch von Seeschiffen mit neuneinhalb Meter Tiefgang anzusteuern. Das Herz der Stadt mit etwa 400 000 Einwohnern schlägt laut vernehmlich im Zentrum des Hafens an der nur leicht von der Tide angestauten Seine und den angrenzenden Industriewerken. Paris giert seit je nach Waren und Gütern aller Art. Die Epoche der Seefahrer, Entdecker und Kolonisten, die im Wappen drei goldene Schiffe führten und den Slogan «Oh, Sonne, wir folgen dir bis an die Enden der Welt», ist noch in bester Erinnerung, denn sie brachten Glanz in die Stadt. Heute säumen die Hafenanlagen den Strom bis Tancarville am nördlichen Ufer und bis Honfleur am südlichen. Rouen quoll aus allen Nähten. Was es dabei in Form von Wohnblöcken als «Speckgürtel» ansetzte, die «Rundungen» entlang des Tales und der Hänge, sieht nicht gerade erhebend aus.

Es ist auch hier das Alte – wie in den meisten Ballungszentren unseres Kontinents –, das dem Neuen den Rang abläuft. Stößt der Besucher zur Altstadt vor, ist Rouen nach wie vor die *ville musée* (der Historiker Jules Michelet hat die Stadt einst ein riesi-

Das Pays d'Auge ist bekannt für seine vielen Herrenhäuser, die Manoirs. Hier in der Nähe von Les Moutiers-Hubert.

Manoir d'Ango, im 16. Jahrhundert von italienischen Baumeistern im Renaissance-Stil erbaut, zählt zu den schönsten Herrenhäusern im Pays de Caux. Im Bild der Innenhof mit dem Taubenhaus.

ges Museum genannt) mit den imponierendsten, zumeist gotischen Architekturen auf engstem Raum: die Kirche Saint-Maclou, ein Meisterstück des Flamboyant-Stils, die Abtei Saint-Ouen mit der «Krone der Normandie», wie der triumphale Mittelturm genannt wird, das Parlament der Normandie (heute Justizpalast), der Beffroi du Gros-Horloge, der Uhrenturm und Torbogen in prachtvoller Renaissance.

Die Kathedrale Notre-Dame (mit Monets Lichtreflexen über der Hauptfassade), breit und gewichtig hingelagert, vieldeutig zum Himmel weisend mit spitzen Fingern und zwei stumpfen Daumen (dem St.-Romanus-Turm und dem Butterturm) … Der Hauptturm, ein unvergleichliches Filigrankonstrukt des 19. Jahrhunderts, überragt alles und jedes, das seit dem 12. Jahrhundert wuchs, innehielt, verstümmelt wurde, dann irgendwann weiter aufschoß. Dieser Dom gehört zu den schönsten Frankreichs. Die Wurzel des Stammes Jesse am Mittelportal scheint seine Lebenskraft schlechthin zu symbolisieren, denn die Fülle an Architekturelementen verschiedener Zeiten ist zu einer wunderbaren geschlossenen Einheit zusammengewachsen. Insofern verkörpert Notre-Dame den Willen zum Überleben, dessen man mit Recht diese von Feuer, Fehden und Kriegen so oft heimgesuchte Stadt rühmt.

Einen solchen Namen für einen ganzen Zeitraum konnte man nur unter dem Eindruck einer tiefen beglückenden Erinnerung finden, womöglich als die Verzauberung verraucht war: Belle Époque – schöne Epoche. Was aber war damals so schön?

Denken wir an das Frankreich zwischen 1890 und 1914: Es war durch Frieden und wachsenden Wohlstand gekennzeichnet. Getragen wurde die Belle Époque vom gehobenen, großstädtisch geprägten Bürgertum, das den Adel in wichtigen Positionen abgelöst hatte. Die Modernisierung, ja Potenzierung der Industrie, die Fortschritte der

WO SICH PARIS VERGNÜGTE

Berühmte Seebäder in der Belle Époque

Deauville, Trouville, Dieppe, Fécamp oder Cabourg ... hierhin flüchteten – vor allem während der sogenannten Belle Époque – die Pariser in den heißen Sommermonaten, um sich an den Stränden, auf mondänen Boulevards, in Ballhäusern, Spielcasinos oder auf der Galopprennbahn zu amüsieren.

zu den Pferderennen und den Regatten, begaben oder auch nur für ein paar Tage zum Ausspannen, zum Amüsement, zum Roulette, zur Rennbahn. Die Normandie besitzt die meisten Gestüte und Galoppbahnen Frankreichs – und die am höchst dotierten Pferderennen. Als am Ende des 19. Jahrhunderts der freie Sonntag im Arbeitsleben verbindlich wurde, fuhren während der Badesaison die Pariser am Wochenende in überfüllten Eisenbahnen nach Tréport, Dieppe und Fécamp. Nach einem Strandtag mit allen Charakteristika eines Volksfests ging es dann abends wieder zurück in die ofenheiße Hauptstadt.

Treffpunkt der feinen Gesellschaft: der Strand des mondänen Seebads Trouville. Im Hintergrund das Spielcasino (Foto von 1910).

Technik, des Verkehrs, neue Errungenschaften der Medizin und Wissenschaften, die Ausweitung des Handels, vor allem des Exports, die Expansion der Börsengeschäfte, ungehemmte Spekulationen, forcierte Gewinnmaximierung ... Kurz, es war eine Zeit der Prosperität, der schnellen Karrieren, rasch erworbenen Vermögens und eines vom Optimismus getragenen Lebensstils. All das bewirkte eine Verfeinerung des gesellschaftlichen Umgangs, der Wohn- und Festkultur mit ihren «Spielorten», Ritualen und Garderoben – Salons, Empfängen, Diners, Soireen, Opernbällen, Premieren, Vernissagen ...

Daß in diesem Reizklima die Grenzen der Solidität nicht immer gewahrt wurden, entnehmen wir der Literatur, etwa den Romanen des Normannen Guy de Maupassant, aber auch der Wirtschaftsstatistik: 1914 war der französische Staat das verschuldetste Land der Welt.

Der Lebensstil der Belle Époque prägte sich ganz wesentlich auf dem Feld des Müßiggangs und der Freizeitgestaltung aus – die Impressionisten malten die Schauplätze: Boulevards, Promenaden, Parks, Cafés, Ballhäuser, die Picknicks im Grünen, die Strände ... Die Normandie war so etwas wie der Freizeitpark der Pariser, die sich hierher im Sommer

Gelassener spielte sich das Leben in den mondänen Bädern wie Deauville und Trouville ab. Hier entstanden luxuriöse Hotelpaläste in dem exaltierten gründerzeitlichen Geschmack der Belle Époque, in denen sich die elegante Welt traf, das heißt: «tout Paris». Doch auch die gutbürgerlichen Familien mit ihren wohlerzogenen Kindern verbrachten die Ferientage so, wie sie Marcel Proust aus seiner Erinnerung an die «verlorene Zeit» schildert (siehe Seite 38). Ein Ort wie Cabourg (den Proust in seinem Roman beschreibt) war jedoch einfach nicht so mondän wie Trouville oder gar Deauville.

Hier parken Nobelschlitten und warten livrierte Kutscher mit ihrem Gespann auf die Gäste: vor dem «Hotel Normandy», einem der traditionsreichen Luxushotels in Deauville.

Am Strand von Deauville. Im Hintergrund sind die Umkleidekabinen auf der berühmten Strandpromenade «Les Planches» zu sehen. Auf den Balustraden der Kabinen verewigten sich Filmstars und Starlets aus aller Welt, die einst in Deauville zum alljährlich stattfindenden Festival des amerikanischen Films zu Gast waren.

Der Jachthafen von Deauville im Viertel Port Deauville. Segler können sich hier in Appartements mit eigenem Jacht-Liegeplatz einquartieren.

Oben und unten: Wer nach Deauville fährt, kann nicht nur das Strandleben genießen, sondern auch die luxuriöse Atmosphäre der mondänen Welt zwischen Spielcasino und Sportwagen.

Eine traurige Begebenheit aus dem Hundertjährigen Krieg: Viele, vielleicht die meisten Schandtaten kriegerischer, politischer, religiöser Art bleiben für alle Zeit «under cover». Daß die Reinwaschung der Jeanne d'Arc oder Johanna «von Orléans» je geschah und gelang, ist ein Wunder für sich. Die betrübliche Erkenntnis, daß kein Wesen unschuldig genug ist, um nicht doch der primitivsten Justizmaschinerie zum Opfer zu fallen, wird nur einmal mehr bestätigt. Jeanne la Pucelle, wie sie sich selbst nannte, Tochter wohlhabender Landleute aus Domrémy in den Vogesen, glaubte, von Stimmen dazu berufen zu sein, den Dauphin – Karl VII. – zur Krönung nach Reims zu führen und die Engländer aus Frankreich zu vertreiben. Nach den von ihr inspirierten Siegen des Königtums wurde sie von Burgund gefangengenommen und starb nach einem geistlichen Schauprozeß den Feuertod (siehe Seite 72). Auf dem Vieux-Marché markiert ein zwanzig Meter hohes Kreuz die Stelle, wo am 30. Mai 1431 der Scheiterhaufen aufflammte. «Ihr» König ritt 1449 in einem Triumphzug mit dem Heer in Rouen ein, und die Normandie wurde wieder einmal mit Frankreich verbunden – ein letztes Mal. Karl betrieb sogleich die Rehabilitation seiner Bannerträgerin von Reims – die Reue hatte ihn gepackt, und zudem schien es ratsam angesichts der Verehrung, die das Volk für die Jungfrau empfand. Bereits 1456 wurde Jeanne d'Arcs Verurteilung von der Kirche aufgehoben, doch erst im Jahr 1920 wurde sie heiliggesprochen und zur Patronin Frankreichs erklärt. An dem erwähnten Kreuz und vor ihrer Statue an der Kirchenmauer liegen Blumensträuße, wie von Kinderhand gepflückt.

In den geschäftigen Altstadtgassen verfliegen die melancholischen Gedanken. Es gibt für den Fußgänger viel zu sehen: etwa die herrlichen, nahezu mittelalterlichen Fassaden – die Rue Saint-Romain mit den schönen Fachwerkhäusern, den turmbewehrten Palast des Erzbischofs, das Musée départemental des Antiquités, das in einem Konvent aus dem 17. Jahrhundert untergebracht ist, mit hervorragendem Kunstgewerbe aller Epochen. Als Kulturzentrum des Nordens weist sich Rouen vor allem durch die Universität aus. Die *jeunesse académique* scheint den Abendstunden der Altstadt einen Hauch des Pariser Quartier Saint-Germain-des-Prés beizusteuern.

PHÖNIX LE HAVRE

Die stärkste Konkurrenz des Hafens von Rouen ist der Hafen von Le Havre in 127 Kilometer Entfernung. Die Autobahn durch das Bauernland des Plateau du Roumois verkürzt die Fahrt dorthin

Fortsetzung Seite 30

Blick vom Château Gaillard auf das Seine-Tal bei Les Andelys.

Ende des 12. Jahrhunderts erbaute der normannische Herzog und englische König Richard Löwenherz die gewaltige Befestigungsanlage Château Gaillard bei Les Andelys.

VOLLREIF IN DREISSIG TAGEN
Der Camembert

Aus der Normandie stammt er, der weltbekannte Weichkäse in der Spanschachtel, genaugenommen aus dem Dorf Camembert in der Nähe von Vimoutiers. Sein unvergleichliches Aroma erhält der Camembert durch einen ganz speziellen Reifeprozeß.

Von der Reife eines Nahrungsmittels, gar eines Käses zu reden, fällt dem Humanisten nicht leicht, ist Reife doch eine Qualitätsstufe, die er einem geistigen oder künstlerischen Werk vorbehalten wissen möchte, jedenfalls einer menschlichen Leistung. Der Landwirt denkt da weitherziger, gehört doch die Natur zu seinem Lebensraum, aus dem der Begriff «Reife» stammt. Ein reifer Apfel, warum also nicht auch ein «reifer» Camembert, nachdem man ihm die

Bis heute wird der Camembert auf die althergebrachte Weise hergestellt. Die Fotografien aus den zwanziger Jahren zeigen eine Käserei in Vimoutiers, dem Geburtsort des Camembert.

nötige Pflege angedeihen ließ und ihm die Zeit zur Vollendung einräumte? Die äußeren Umstände der «Geburt» eines Camembert sind vergleichbar denen manch anderer Käsesorte, die Feinheiten indes, die mit dem normannischen Klima, dem Milchvieh, den Weiden beginnen und mit der Tradition enden, sind original spezifische Ingredienzen, mit gewissen Geheimnissen.

Zu den herausragenden Baudenkmälern der Normandie gehört die Ruine des Klosters Jumièges im Seine-Tal. Relativ gut erhalten ist die Fassade der ehemaligen Abteikirche Notre-Dame aus dem 11. Jahrhundert mit ihren markanten Fassadentürmen.

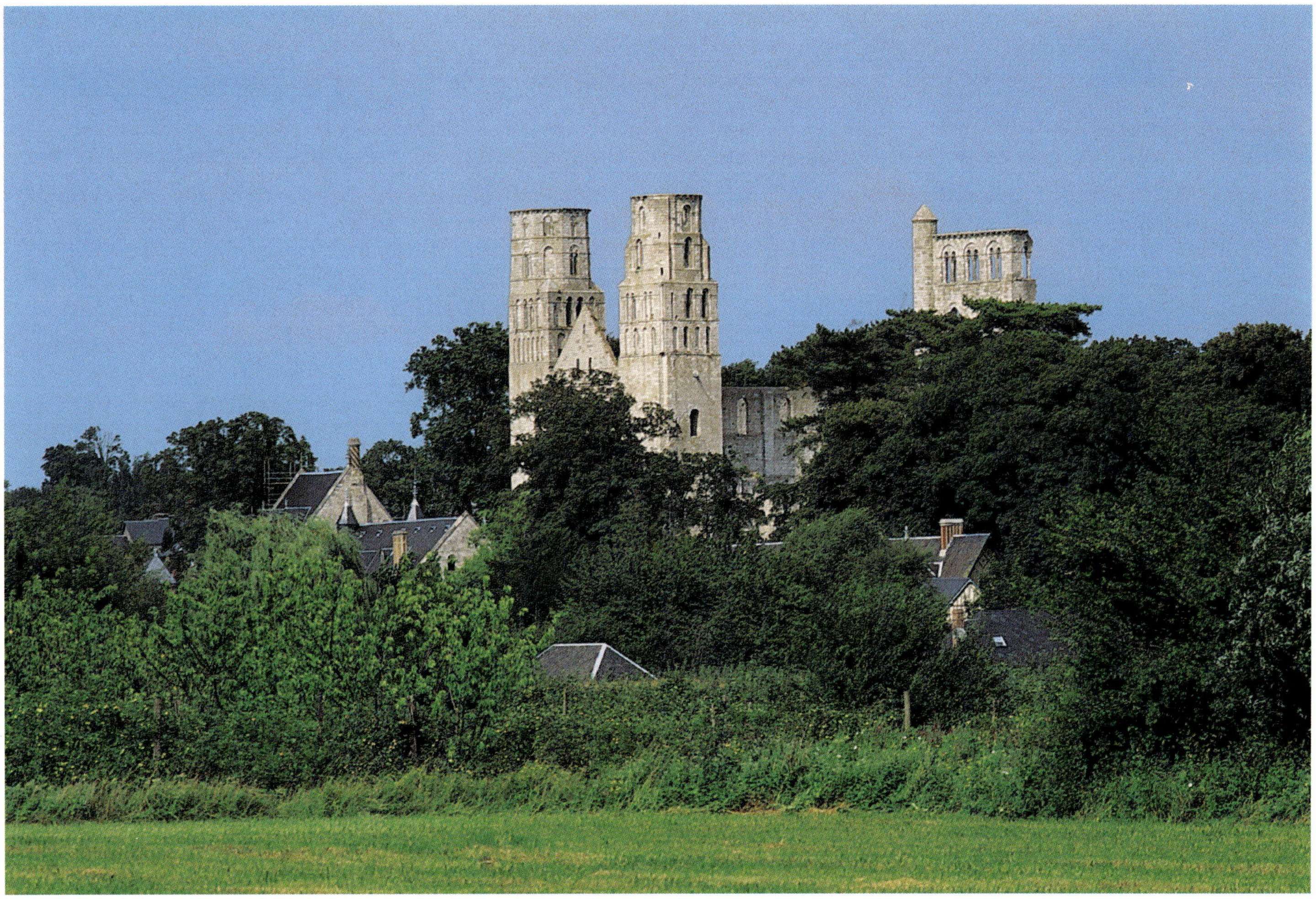

Der Camembert gehört wohl zu den bekanntesten Käsesorten überhaupt. Mit etwas Gemüse und frischem Weißbrot serviert, schmeckt er herzhaft gut.

Die «Wiege» des Camembert ist das Milchfaß. Es enthält ein Gemisch aus Mager- und Vollmilch, der Fettgehalt beträgt 30 Prozent. Die Milch wird in Hundert-Liter-Kesseln mit Hilfe von Lab (einem Ferment) zum Koagulieren gebracht, wobei die Temperatur 30 bis 32 Grad Celsius beträgt und der Säuregehalt 24 bis 28 Prozent. Danach wird die Molke mit einer Temperatur von 20 bis 30 Grad in runde, flache Formen geschöpft, die 2,2 Liter fassen. Nachdem sich der Käse abgesetzt hat, wird er gewendet; er füllt die Form dann nur noch zu einem Drittel aus.

Am zweiten Tag der Produktion wird der weiche Käse aus den Formen entfernt und bei einer Temperatur von 18 bis 20 Grad gelagert. Umfang und Oberseite werden gesalzen. Da sich durch diesen Prozeß das Ferment *penicillium candidum* entwickelt, erhält der Käse nun sein spezifisches Camembert-Aroma. Am vierten Tag wird er in Trockenräume mit Grillregalen und Ventilation umquartiert, die Temperatur soll konstant auf 14 bis 15 Grad gehalten werden. Am 14. Tag setzt die Bildung des Schimmelpilzes ein. Dann kommt bereits das Gros einer Produktion auf den Markt. Ein Teil wird zum weiteren Reifen bei konstanter Feuchtigkeit umgelagert. Nach 20 Tagen werden sie gewöhnlich mit einer Ein-Drittel-Reife ausgeliefert. Halbreif ist der Camembert nach 25 Tagen, die volle Reife hat er erst nach 30 Tagen erreicht – und damit seine unübertreffliche Qualität. Die Erfinderin des Camembert heißt Marie Harel (1761–1812). Nach der Legende soll sie allerdings das Rezept von einem Priester erhalten haben, den sie während der Revolutionswirren versteckte. Der Bäuerin wurde auf dem Marktplatz von Vimoutiers ein Denkmal errichtet. In dem Städtchen informiert ein Museum über die Geschichte und die Eigenarten dieser Delikatesse. Auf einigen Bauernhöfen kann man bei der Herstellung zusehen.

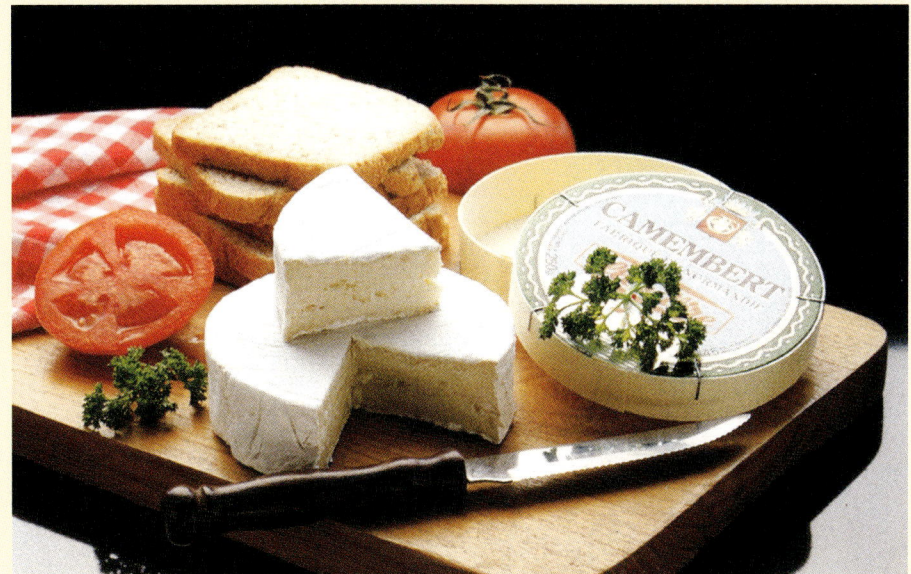

beträchtlich. Die Hängebrücke von Tancarville, ein 1959 errichtetes Wunderwerk der Technik, ist – obwohl von dem 1995 eröffneten Pont du Normandie übertroffen (siehe Seite 66) – nach wie vor das Symbol einer moderneren, respektive schnelleren Zeit. Als erstes blieben die zahllosen alten Fähren auf der Strecke, die, so möchte man meinen, seit den Tagen der Römer ihren Pendelverkehr versahen. Die Aussicht vom Ende der Brücke über das Seine-Tal ist grandios, die Romantik des Stroms mischt sich mit der Sehnsucht nach dem weiten Meer, nach «Großer

Fahrt». Die Möwen schreien, der Salzwind lockt – es sind immer wieder dieselben Stimulantia des Fernwehs, denen man seit der Kindheit aufsitzt.

Le Havre nimmt den zweiten Rang unter den Häfen Frankreichs und den dritten unter denen Europas ein. Eine Leistung, die um so mehr zu würdigen ist, als Le Havre im Zweiten Weltkrieg von allen Hafenstädten die schwersten Zerstörungen erlitt. Der historische befestigte Hafen war 1517 von König Franz I. gegründet worden, um den versandeten Stützpunkt Harfleur zu ersetzen. Auch die Altstadt, 1541 von dem Italiener Bellarmato im Schachbrettmuster entworfen, war nach den letzten Kriegshandlungen im September 1944 nach unvorstellbaren Leiden der Bevölkerung in den Trümmern

untergegangen. Der Stadtplaner Auguste Perret (1874–1954) schuf eine weiträumige Neustadt mit großzügigen Perspektiven. Die Horizontalen der Wohnregionen wechseln mit stark akzentuierten Senkrechten der zentralen Hochhäuser. Perret, ein Belgier, gewann vor allem Einfluß auf die französischen und schweizerischen Architekten der zwanziger Jahre, mit Henry van de Velde etwa baute er das Théâtre des Champs-Élysées in Paris (1910–1913). Seine markantesten Bauten in Le Havre sind das Rathaus (72 Meter hoch) und die Kirche Saint-Joseph mit dem gigantischen oktogonalen Glockenturm (106 Meter). Die eleganten Kurven des Kultur- und Kommunikationszentrums «Espace Oscar Niemeyer» mildern die Strenge der umstehenden Blöcke und Quader. Niemeyer schrieb mit seinen Bauwerken in Brasilia Architekturgeschichte der Moderne, der «Espace» ist dagegen nicht mehr als ein Aphorismus. Der Phönix Le Havre besitzt heute 220 000 Einwohner, mit den Randgebieten sogar 270 000. Der Hafen an der fast zehn Kilometer breiten Mündung der Seine ist einer der modernsten Frankreichs mit 50 Millionen Tonnen Umschlag und befindet sich doch im steten Wandel der Verbesserung. Die Docks, Kais und Wellenbrecher, wie Digue Nord und Digue Sud, reichen wie die Tentakel eines amphibischen Wesens stets weiter in die Bucht hinaus. Auf dem Kap Antifer entstand ein neuer Erdölhafen, dessen Lichter nachts mit den Leuchtfeuern konkurrieren. Die Signalstation – *le sémaphore* – bietet die beste Gewähr, das Kommen und Gehen der Großschiffe, Großtanker, Englandfähren und Jachten beobachten zu können. Die unübertreffliche Aussicht auf Stadt, Hafen, Seine-Delta und einen weiträumigen Küstenstrich der Normandie genießt man vom Fort de Sainte-Adresse über dem Strand und den Klippen. Raoul Dufy, er stammte aus Le Havre, hat im Jahr 1908 ein idyllisches Bild von der Hafeneinfahrt gemalt – Angler, Jungen mit Drachen, Kindermädchen mit Kinderwagen, Pärchen, Dame mit Sonnenschirm, Kai und Leuchtturm –, das in seiner gespielten Naivität eine überzeitliche Wahrheit traf, die dem Meer wie dem Land und dem Volk am Meer eigen ist.

DER ZAUBER DES MEERES

Die Normandie ist mit rund 30 000 Quadratkilometern etwa so groß wie Belgien. Es leben hier etwa drei Millionen Menschen. Die Bevölkerungsdichte – hundert Einwohner pro Quadratkilometer – ist jedoch nur ein Drittel so hoch wie in Belgien. Dieser Vorteil entfällt allerdings im August,

Fortsetzung Seite 35

Die Abteikirche
Sainte-Trinité in
Fécamp ist seit
dem Mittelalter
vielbesuchter
Wallfahrtsort. Mit
ihrem 128 Meter
langen Mittelschiff
gehört sie zu den
größten Kirchen-
bauten Frank-
reichs.

«COMICSTRIP» AUS DEM MITTELALTER

Die Geschichte von Wilhelm dem Eroberer auf dem Teppich von Bayeux

Vom Leben am Hof des Normannenherzogs Wilhelm, vor allem aber von seiner legendären Eroberung Englands in der Schlacht bei Hastings im Jahr 1066, erzählen detailliert die Darstellungen auf dem siebzig Meter langen Wandteppich, der Ende des 11. Jahrhunderts für die Kathedrale von Bayeux hergestellt wurde.

Anmut einer leichthin gezeichneten Buchmalerei, mit betont graphischem Reiz. Das Ereignis wird trotz der Straffung bewundernswert ausdrucksvoll wie eine ritterliche Âventiure dargestellt, entscheidende Phasen der Schlacht von Hastings gegen Harolds Heer sogar höchst dramatisch. Die Symbolik am oberen und unteren Rand, die den breiten Bildstreifen begleitet, ist erfinderisch in den Schöpfungen, erstaunlich reich in den Variationen.

Der Teppich von Bayeux ist mit Recht als «Dokumentarfilm» bezeichnet worden: Frappierend ist die Detailtreue der Erzählung, die Kenntnis der beteiligten Personen, der Ausrüstung und der

Die Bildchronik vom Siegeszug Wilhelms des Eroberers nach England, verfaßt mit Nadel und Faden auf feinstem Leinen kurz nach dem weltgeschichtlichen Gala-Datum 1066, charakterisiert sich durch eine Reihe von Superlativen: Es handelt sich um den ältesten erhaltenen Wandteppich des Mittelalters sowie um den größten bekannten (Höhe rund 0,5 Meter, Länge 70 Meter), und auch bezüglich des künstlerischen Ranges ist er eine solitäre Erscheinung.

Den Auftrag für den Wandteppich erteilte wohl Bischof Odo von Bayeux, ein Bruder des Normannenherzogs Wilhelm, und gefertigt wurde der Teppich in England. Ursprünglich für den Chor seiner normannischen Kathedrale bestimmt, wird das Werk somit heute folgerichtig im Dommuseum ausgestellt.

Der Name des «Designers» ist nicht überliefert. Die Szenen besitzen die

Wie bei einem Comic folgt auf dem Bildteppich Szene auf Szene. Detailliert und chronologisch erzählen die Bilder die Eroberung Englands durch die Normannen.

Unten: Der Normannenherzog Wilhelm gibt den Befehl, Schiffe für die Eroberung Englands zu bauen.

Links: Bäume werden für den Bau der normannischen Flotte gefällt.

32

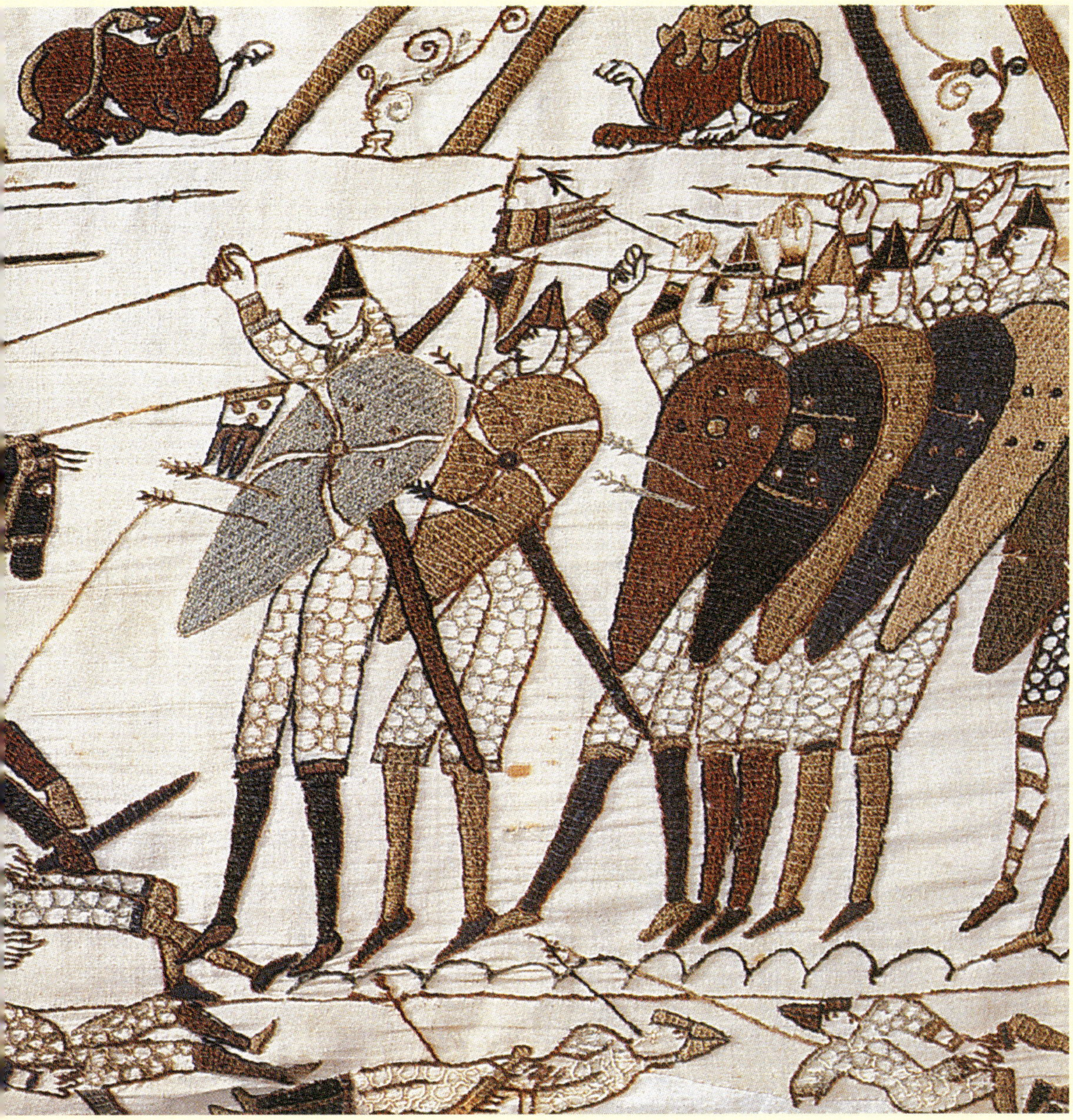

Oben: Die Normannen stürmen bei der Schlacht von Hastings mit ihren Reitern den Schildwall, den die angelsächsischen Soldaten gebildet haben.

Unten: Zubereitung des Essens im normannischen Feldlager.

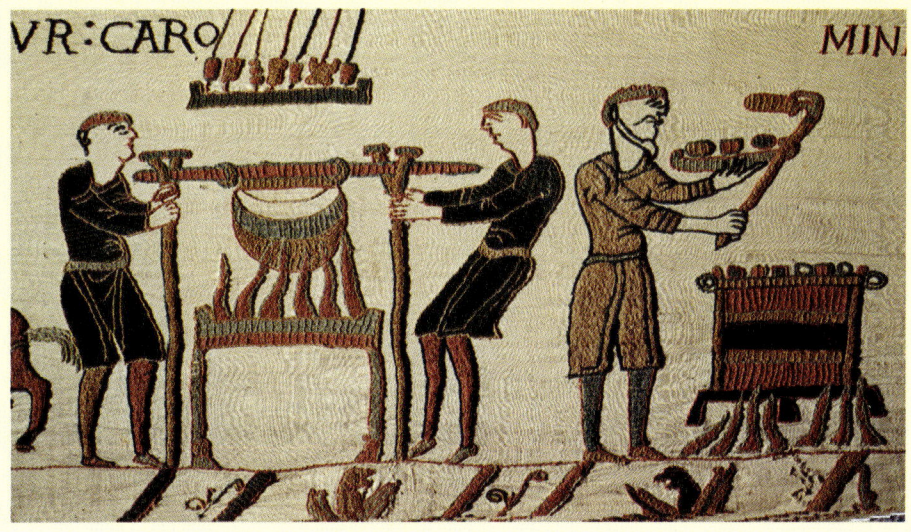

Kampfhandlungen – bis hin zu Augenblicken, in denen ein getroffenes Normannenroß sich überschlägt und den Ritter unter sich begräbt oder den gefallenen Anglodänen die Kettenhemden ausgezogen werden. Und Berge von Toten ... Das alles wird der Zeichner des Teppichs womöglich mit eigenen Augen gesehen haben.
Der Teppichkünstler berichtet auch, was dem Datum 1066 vorausgegangen war: Harold hatte in Rouen auf zwei Truhen mit Heiligenreliquien einen Eid geschworen, nicht als Mitbewerber um die Krone Englands auf den Plan zu treten, die der kinderlose König Eduard «der Bekenner» dem Normannenherzog Wilhelm angeboten hatte – angeblich aber auch Harold, dem Sohn des mächtigen und machtbesessenen Earl Godwin von Wessex, der den schwachen Greis beherrschte. Nach Eduards Tod im Januar 1066 trug der *Witan*, die Versammlung der Edelleute, Harold rechtskräftig die Krone an. Sein Eid sei ihm mit Gewalt abgerungen worden, also nicht bindend. Andererseits hatte Eduard zur Zeit der dänischen Herrschaft bis 1042 in der Normandie im Exil gelebt und dort Verbindung mit dem Herzogshaus gepflegt. Insofern mochte er Wilhelm das Erbe früher zugesagt haben.
Der Normannenherzog nahm nun Harolds Herausforderung an und rüstete fieberhaft zur Eroberung der englischen Krone. Papst und Kaiser unterstützten die Invasion ideell, ja das ganze christliche Europa stand auf Wilhelms Seite: Mit dem vom Papst geweihten Banner voran, wurde der Eroberungszug zum Kreuzzug. Ganze Wälder wurden gefällt, Drachenschiffe – wie sie die Wikinger, die Vorfahren der getauften und romanisierten Normannen gefahren hatten – wurden gebaut und bemannt, stießen mit stolz geschwellten Segeln in See. Da landete in Nordengland der beutesüchtige norwegische König mit seinen Scharen, unterstützt von Harolds Bruder und Rivalen Tosting. Nach Eilmärschen schlug Harold den Angriff blutig nieder. Nun aber landete Wilhelms Armada ungehindert im Süden, 800 (man liest auch 2669) Schiffe mit 12 000 Mann und Pferden. Harold hetzte den Normannen entgegen. Am Morgen des 14. Oktober begann bei Hastings die Schlacht. Am Abend waren die Angelsachsen in ihrer vorteilhaften Hügelstellung noch unbesiegt. Doch da trifft Harold ein tödlicher Pfeil ins Auge, sein Heer flieht und wird auf der Flucht niedergemetzelt.
Weihnachten 1066 wurde der Herzog der Normandie, nunmehr «Wilhelm der Eroberer», in der Westminsterabtei zum König von England gekrönt. Von all dem erzählt der Teppich von Bayeux.
Das zersplitterte England, das sich nach der skandinavischen Welt orientiert hatte, wandte sich nach 1066, zentralistisch geeint, für die nächsten 400 Jahre Frankreich zu.

Richard II. ließ im 11. Jahrhundert die große Abteikirche auf dem Klosterberg Mont-Saint-Michel erbauen.

34

dem französischen Ferienmonat schlechthin, wenn ganz Paris – wie schon in der Belle Époque (siehe Seite 22) die Städte und Dörfer, Straßen, Promenaden und Strände zu überrollen scheint. Andere Touristen sind dabei noch nicht eingerechnet. Doch in dem elf Monate währenden «Restjahr» gibt sich die Normandie weitgehend unverfälscht, was Charakter und Lebensart anbelangt.

Da bleibt als stärkste Erinnerung die Allmacht des Meeres, sein Zorn, seine Milde, sein Zauber. *Ihr* Zauber: Im Französischen ist das Meer eine geheimnisvolle Frau – «la mer». Das macht Sinn. Und auch «La Manche», der französische Name des Ärmelkanals, klingt in unseren Ohren weniger bieder als das deutsche Wort (obwohl es dasselbe bedeutet). Dieser gewaltige Meeresstrom zwischen dem Atlantik und der Nordsee hat wahrhaftig nichts Hausväterliches an sich. Diese Erinnerung vermengt sich zwangsläufig mit Bildern der eigenen Anschauung und mit dem sinnlichen Genuß des Bades in der weit geöffneten Handmulde Neptuns, mit den Reminiszenzen der Dichter, den Skizzen und Ölbildern der Maler. Was schließlich bleibt, ist das übliche Kaleidoskop aus Tatsachen, Phantasien und Reflexionen, wie sie das Erlebnis jeder Reise zurückläßt. Und sind die Eindrücke intensiv und tiefgreifend, so waren sie eine Reise wert. Zudem müssen es nicht die bombastischen Ausblicke sein, so schrieb der Philosoph Carl Friedrich von Weizäcker, die uns vermitteln, was Natur sein kann.

Wir müssen nicht über die Fähigkeiten eines Marcel Proust verfügen, um mit Worten wiederzugeben, was uns bei anscheinend nichtigen Betrachtungen bewegt. Aber wäre es nicht ein Glück, sich einer Empfindung, etwa beim Anblick eines Sonnenstrahls, bewußt zu werden, die der Erlebniskraft des Dichters in nichts nachsteht? Hat Proust die folgenden Zeilen geschrieben? Oder diktiert sie uns die Erinnerung?: «Als morgens die Sonne hinter dem Hotel hervorkam und vor mir den hellen Strand bis zu den ersten Wellenbergen enthüllte, schien sie ihm mir von einer anderen Seite zu zeigen und mich einzuladen, im Ruhen eine wechselvolle Reise auf der kreisenden Bahn ihrer Strahlen durch die schönsten Orte der vielgestaltigen, von dem Lauf der Stunden bewegten Landschaft zu unternehmen.»

Das Meer öffnet souverän Panoramen und Perspektiven auch vom bescheidendsten Standpunkt aus. Der Mikrokosmos vor dem Strandtuch: Sand, eine Muschelschale, die ausgebleichte Schere einer Winkerkrabbe, einige Halme der Grasart «Hasenschwanz» *(queue de lièvre)*, ein paar bunte Kiesel, geheimnisvolle Fußabdrücke, Wasserspuren …

In der Kirche Notre-Dame in Vernon. Die ehemalige Stiftskirche, die zwischen dem 12. und dem 16. Jahrhundert erbaut wurde, wird in ihrem Raumeindruck vor allem durch die gotischen Skulpturen an den Pfeilern des Mittelschiffs bestimmt.

KLEINE UND GROSSE WUNDER

Wenn man den Blick hebt und den Horizont des Meeres in seiner ganzen Ausdehnung abtastet, so formt sich aus dem Dunst wie aus einer präkolumbischen Ahnung heraus die Gewißheit: Bei Gott! Die leichtgebogene Linie zeigt die Erdkrümmung. Die Erde ist *tatsächlich* ein Erd-Apfel. Das entdeckt man plötzlich für sich selbst ganz neu. Wann bietet sich schon einmal dem Großstädter in seiner von Häusern verstellten Umwelt die direkte Anschauung die-

ser inzwischen banal gewordenen wissenschaftlichen Erkenntnis, für die Galileo Galilei einst Kopf und Kragen riskierte? Wie in der Schulfibel demonstrieren die in der Ferne passierenden Ozeanriesen, daß die Erde rund ist. Ein Fernrohr wäre nun von Vorteil: Erst sieht man den Mast, dann die Aufbauten und schließlich den Rumpf. Und der Erwachsene, der am Strand der Neigung zu kindlichem Treiben – Burgenbauen oder «Schatzsuche» – nachgibt, ertappt sich beim Schiffezählen, obwohl er bequem nachschlagen könnte, daß «La Manche» jährlich von 50 000 Schiffen durchfahren wird.

Über der rauschenden Wasserfläche schichten und türmen sich Formationen der Wolkengebirge, in die unendlich scheinende Breite, Tiefe und Höhe

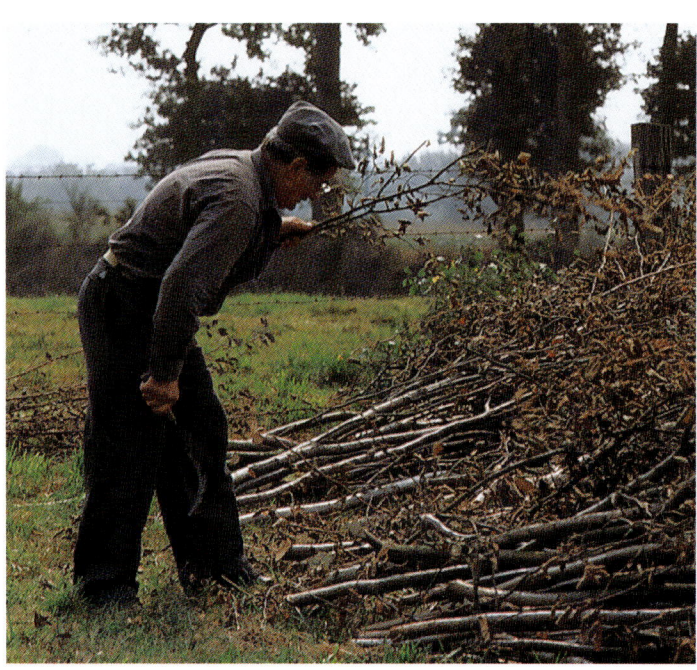

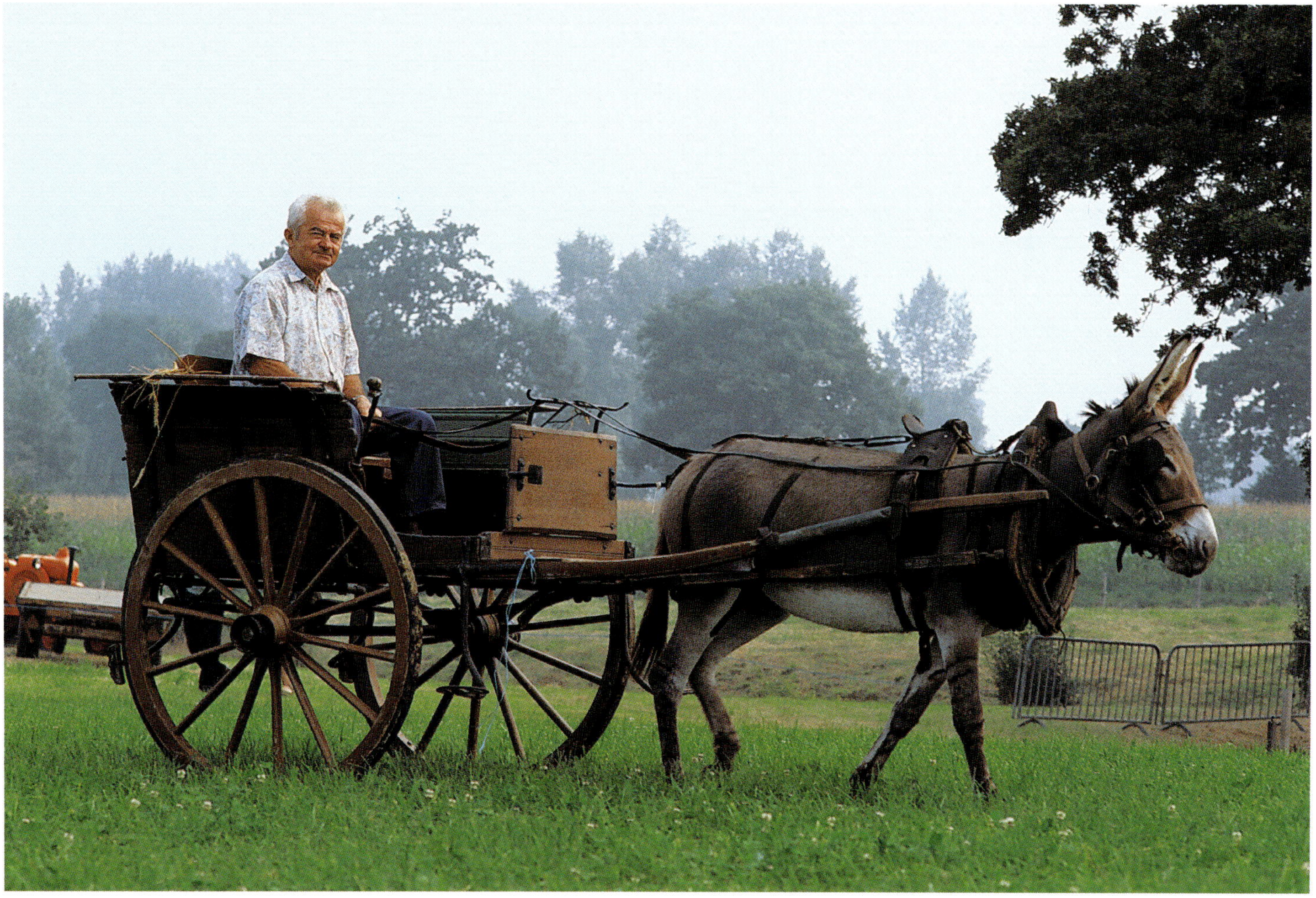

Einen Kontrast zu der im Sommer von Touristen aus aller Welt bevölkerten Küste bildet das von der Landwirtschaft geprägte Hinterland – wie etwa das Pays d'Auge im Herzen der Normandie – wo das Leben gemächlicher verläuft.

Oben: Ein Bauer mit Eselgespann gehört hier zu den gewohnten Anblicken.

Unten: Gartenarbeit am Rand des Dorfs Saint-Aubin-de-Bois.

gestaffelt. Bewegt vom Lichterspiel der wandernden Sonne, wechselt an kühlen Tagen das höchst reizvolle Spektrum ihrer Farben vom bleischweren Grau über harte und weiche Blautöne zum überstrahlten Azur und schließlich zum blendenden Weißgold der Heiligenapotheosen barocker Altäre. Der goldene Leib des Erzengels über dem Mont-Saint-Michel, dem von Wogen umtosten «Wunder des Abendlandes», könnte die Apotheose solcher leidenschaftslosen Passionen des Lichts sein. Aber wie dann der Engel nach einem glutheißen Tag im späten Abendrot wie eine Fackel aufflammt! Da ist er ganz augenscheinlich der Bezwinger des Satans, als welchem ihm die Gründung der Klosterburg im 9. Jahrhundert zu danken ist (siehe Seite 64).

Das Schauspiel des Meeres mit seinem reichen «Personal» an Erscheinungen war und ist mit seinen Geheimnissen und Mythen stets verlockend. Der Regisseur Eric Rohmer machte sich diese Tatsache in seinem Spielfilm «Das grüne Leuchten» – worunter ein seltenes physikalisches Phänomen zu verstehen ist, das Liebende verzaubert – als Höhepunkt seiner Handlung zunutze. Es gibt auch ein rein biologisches Meeresleuchten, das durch Millionen kleiner *Noctiluca miliaris* hervorgerufen wird: durch eine phosphoreszierende «Planktonwolke», die an der Meeresoberfläche treibt. Manche mögen darin eine geheimnisvolle Begebenheit sehen, vielleicht sogar ein Omen. Aber selbst die sachlichen Zoologen und Protoplasmaforscher sparen bei solchen Erscheinungen nicht mit Adjektiven wie «phantastisch» und «wunderbar». Ja, der Blick aufs Meer hinaus hat immer mit der Sehnsucht zu tun, etwas Wunderbares möge sich ereignen.

Château Saint-Germain-de-Livet im Tal der Touques südlich von Lisieux gehört zu den bekanntesten Sehenswürdigkeiten im Pays d'Auge. Das kleine Wasserschloß mit seinem gedrungenen Eckturm besitzt kostbares Mobiliar und Fresken aus dem 16. Jahrhundert.

Apfelbäume prägen das Hinterland der Küste, vor allem das Département Calvados. Die Apfelernte ist hier – ähnlich wie in den Weinanbaugebieten die Weinlese – ein wichtiges Ereignis im Jahreslauf.

VON SEEFAHRERN, FORSCHERN UND HELDEN

Und so wie wir uns eine ewige Abfolge an Gezeiten denken können, so gaukelt uns die Phantasie Geschwader von Schiffen vor, wie sie die Wogenberge schwankend herbei-, fort- oder vorübertrugen: römische Galeeren, die Drachenboote der Wikinger ... Die 2669 normannischen Schiffe Wilhelms «des Eroberers» verschwinden gerade mit Kurs auf England am Horizont. Dann brechen Normannen – diese vielleicht begabtesten Staatengründer des Mittelalters – mit ihren Flotten nach Süden auf: Sizilien, Apulien, Antiochien, «Klein-Dieppe» in Guinea in Westafrika. Der Staufer Friedrich II. – Kaiser des Heiligen Römischen Reiches Deutscher Nation –, der von seinem Großvater Normannenblut mitbekam, erbte auch das Normannenreich Sizilien.

Entdeckungsfahrer stachen in See: Jean de Béthencourt aus dem Pays de Caux erkundete und eroberte 1402 die Kanarischen Inseln. Die kühnen Gebrüder Cousin aus Dieppe umrundeten das Kap der Guten Hoffnung und erreichten im Jahr 1500 Indien. 1503 betrat Binot Paulmier de Gonneville aus Honfleur die Küste von Brasilien. 1563 segelten Hugenotten von Dieppe und Le Havre aus nach Flo-

rida, ihre Kolonie wurde von den Spaniern ausgelöscht. Samuel de Champlain, ein Schiffbauer aus Dieppe, segelte 1603 von Honfleur nach Kanada und gründete dort fünf Jahre später Quebec. Pierre Balmain von Esnambuc besetzte im Namen des Königs die Insel Martinique. René Robert Cavelier de La Salle aus Rouen erkundete die Region des späteren Chicago, fuhr den Mississippi hinunter und

Fortsetzung Seite 41

37

In seinem Hauptwerk, dem sieben-teiligen Roman «Auf der Suche nach der verlorenen Zeit», beschreibt Marcel Proust (1871–1921) das Leben der französischen Aristokratie und der Pariser Großbürger um die Jahrhundertwende, der Zeit der Belle Époque. Proust berichtet vom Leben im mondänen Seebad Cabourg – in seinem Roman Balbec genannt.

DIE STRANDPROMENADE IN BALBEC

Aus Marcel Prousts Roman «Auf der Suche nach der verlorenen Zeit»

Das «Hôtel des Roches Noires in Trouville» auf einem Gemälde von Claude Monet (Öl auf Leinwand, 1870, Musée d'Orsay, Paris).

Seit ein paar Tagen sah man in einer pomphaften Equipage die rothaarige, schöne, mit einer etwas kräftigen Nase ausgestattete Prinzessin von Luxemburg vorbeifahren, die ein paar Wochen in dieser Gegend auf dem Lande verlebte. Ihr Wagen hatte vor dem Hotel gehalten, ihr Diener war hereingekommen, hatte mit dem Direktor gesprochen, war zum Wagen zurückgekehrt und hatte herrliche Früchte hereingetragen (die in einem einzigen Korb wie die Bucht von Balbec verschiedene Jahreszeiten versinnbildlichten) mit einer Karte dabei: «Die Prinzessin von Luxemburg», auf der ein paar mit Bleistift geschriebene Worte standen. Welchem fürstlichen Gast, der hier inkognito weilte, mochten diese Früchte, meergrüne Reineclauden, die mit ihrer schimmernden Wölbung der Rundsicht des Meeres in diesem Augenblick glichen, durchscheinende Weinbeeren, die an ihren holzigen Stielen hingen wie ein klarer Tag im Herbst, Birnen von himmlischem Ultramarin, wohl nur zugedacht sein? Denn die Prinzessin konnte ja wohl nicht der Freundin meiner Großmutter einen Besuch machen wollen. Jedoch am folgenden Tage schickte uns Madame de Villeparisis eine frisch duftende goldene

Traube und Pflaumen und Birnen, die wir gleichfalls wiedererkannten, obwohl die Pflaumen wie das Meer zur Stunde unseres Mittagsmahls grau und rosa schillerten und über dem Ultramarin der Birnen ein paar rosige Wolkengebilde lagen.

Ein paar Tage darauf begegneten wir Madame de Villeparisis, als wir gerade aus dem Symphoniekonzert kamen, das allmorgendlich am Strande stattfand.

Überzeugt, daß die Werke, die ich dort hörte (das Vorspiel zu Lohengrin, die Tannhäuser-Ouvertüre und anderes), die höchsten Wahrheiten ausdrückten, versuchte ich mich bis zu ihnen zu erheben, das Beste, das Tiefste, was in mir war, zum Verständnis dieser Wahrheiten aus mir herauszuholen und ihnen entgegenzubringen. [...] Da nun sah ich von weitem die Prinzessin von Luxemburg auf uns zukommen, leicht auf ihren Sonnenschirm gestützt, was ihrer großen prachtvollen Erscheinung eine leichte Neigung gab und damit jene arabeskenhafte Linie, die so sehr erstrebt wurde von den Frauen, welche unter dem Kaiserreich schön gewesen waren und noch jetzt mit hängenden Schultern und etwas hochgezogenem Rücken, hohem Kreuz und durchgedrücktem Knien so gut verstanden, sich von ihrer Kleidung, weich wie von einem Seidentuch um eine unbiegsame, schräg hindurchlaufende Achse her gleichsam umwehen zu lassen. Sie ging jeden Morgen aus, um einen Spaziergang am Strande ungefähr zu der Stunde zu machen, als alles schon wieder nach dem Bade zum Mittagessen heimkehrte, und da sie erst um halb zwei Uhr speiste, suchte sie ihre Villa erst lange, nachdem die Badegäste die menschenleere glühendheiße Mole verlassen hatten, wieder auf.

Madame de Villeparisis stellte meine Großmutter vor und wollte auch mich vorstellen, mußte aber nach meinem Namen fragen, den sie nicht mehr wußte. Sie hatte ihn vielleicht niemals gekannt, oder mindestens schon seit Jahren vergessen. [...] Der Name schien lebhaften Eindruck auf Madame de Villeparisis zu machen.

«Der Strand von Trouville» von Eugène Boudin (Öl auf Holz, um 1860, National Gallery, London).

Im äußersten Nordosten der Halbinsel Cotentin liegt das Städtchen Barfleur. Sein weitläufiger Hafen hatte bereits im Mittelalter Bedeutung: Von hier aus soll Richard Löwenherz nach England aufgebrochen sein, um sich dort zum König krönen zu lassen. Heute legen hier die Segelboote der Urlauber und vor allem der Fischer an.

Die Normandie ist auch für ihre zahlreichen Schlösser bekannt, von denen sich manches durchaus mit den berühmteren Loire-Schlössern messen kann. Im Bild das Wasserschloß Château de Cany von 1646 an der Straße von Fécamp nach Saint-Valéry.

Das 1626 bis 1636 errichtete Château de Balleroy, das auch als «normannisches Versailles» bezeichnet wird, gehört zu den bekanntesten Schlössern der frühklassizistischen Epoche in Frankreich. In dem ehrwürdigen Gebäude befindet sich das weltweit einzige Museum zur Geschichte der Ballonfahrt.

Das Stadtbild von Coutances wird beherrscht von den 78 Meter hohen Türmen der Kathedrale Notre-Dame aus dem 13. Jahrhundert, die als das Meisterwerk der gotischen Baukunst in der Normandie gilt.

Die Basilika Sainte-Thérèse in Lisieux. Die Bedeutung der Stadt Lisieux als Wallfahrtsort geht auf die heilige Theresia (1873 bis 1897) zurück, die 1925 heiliggesprochen wurde. Für die zunehmend größeren Pilgerscharen wurde von 1929 bis 1954 die riesige Kirche erbaut.

Die Kirche Saint-Étienne im Zentrum von Fécamp wurde um 1500 im Flamboyant-Stil errichtet. Fassade und Turm stammen aus dem 19. Jahrhundert.

gründete 1682 die Kolonie Louisiana … Forscher, Seefahrer, Matrosen, wohin man schaut, unmöglich, sie alle zu würdigen: Unter Jean-Baptiste Colbert, dem Marineminister Ludwigs XIV., dienten 78 000 Seeleute, von ihnen stammten mehr als 50 000 aus der Normandie. Seeschlachten fanden wie Turniere statt: 1378 wurden vor Cherbourg 99 der 100 englischen Schiffe auf Grund gesetzt.

Die Normandie ist hier auch Shakespeare-Land: Wie es das Historienstück erzählt, landete King Henry V. mit seinen wenigen Getreuen in der Seine-Bucht und wurde der Held von Azincourt …

1588 trieb der Sturm die spanische Armada, die England zerbrechen sollte, an der Küste vorüber, sie zerschellte vor den Niederlanden – Strandgut. 1691 leuchtete vor La Hougue der Himmel im Widerschein der brennenden französischen Flotte, die Jakob II. auf den englischen Thron zurückbringen sollte; einen so starken Gegner zu Wasser habe man nie gesehen, allein «99» Linienschiffe (eine solche Zahl überzeugt allemal).

DER LÄNGSTE TAG

Schließlich D-Day oder «Operation Overlord»: die Umkehrung der Invasion Wilhelms des Eroberers. Die größte militärische Landung der Weltgeschichte: 6000 Kriegsschiffe, von einer Luftflotte beschirmt. Das Datum: 6. Juni 1944, 6.30 Uhr.

Die deutsche Wehrmacht war auf dem Boden der Sowjetunion bereits in Rückzugsschlachten verwickelt. Auf Drängen Stalins eröffneten die alliierten Weststreitkräfte mit der Landung in der Normandie die «zweite Front» gegen das Deutsche Reich. Die Strände auf den touristischen Karten tragen heute noch die Code-Namen von Caen bis zur Ostküste von Cotentin: Sword, Juno, Gold, Omaha, Utah.

Dieses mutige Unternehmen ist in Dutzenden von Filmen, Romanen und Berichten nachgezeichnet worden. «Der längste Tag» (USA, 1961) von Ken Annakin und Bernhard Wicki, besetzt mit einem guten Dutzend Weltstars vom Kaliber John Waynes, ist nur ein Beispiel. Auch der Reporter Ernest Hemingway hielt mit seinen Bravourstücken nicht hinterm Berg, wie er von hier aus das Pariser Grandhotel «Ritz» eroberte.

Schon am Ende des «längsten» Tages wußte Feldmarschall Erwin Rommel: Die Landung war gelungen. Die Schlacht in der und um die Normandie endete am 21. August 1944, nachdem die deutschen Panzerverbände in der «Hölle von Falaise» vernichtet worden waren. Die Wehrmacht verlor 640 000 Angehörige, die entweder gefallen, verwundet oder

Hauptanziehungspunkt von Sassy südlich von Argentan ist das im 18. Jahrhundert erbaute Schloß, in dem prachtvolle Wandteppiche und die Bibliothek des Staatsmanns und Kanzlers Étienne-Denis Pasquiers (1767 – 1862) zu besichtigen sind. Die eigentliche Attraktion des Château de Sassy jedoch ist sein quadratisch angelegter, mit Hecken und Buchsbäumen kunstvoll gestalteter französischer Park.

gefangengenommen wurden. Aber auch die Liste der nahezu zwanzig Soldatenfriedhöfe der alliierten Streitkräfte ist nur mit Beklemmung zu lesen.

Von dem amerikanischen Armeehistoriker Ronald G. Ruppenthal stammen folgende Zeilen, die den leidvollen Kriegsalltag umreißen: «Bevorteilt durch die endlosen Linien natürlicher Befestigungen, bestehend aus den charakteristischen Heckenreihen

der Normandie, und begünstigt durch beinahe täglichen Regen, der nahezu die alliierte taktische Luftunterstützung zunichte machte und die Luftaufklärung reduzierte, war ein zahlenmäßig unterlegener, ungenügend ausgerüsteter und versorgter Gegner in der Lage, uns buchstäblich jeden Meter Boden streitig zu machen.»

Auch der friedfertigste Strandläufer wird heute noch an zahlreichen Orten mit der Invasion der alliierten Streitkräfte in der Normandie vor fünfzig Jahren konfrontiert: Immer wieder trifft er auf die Bunker des sogenannten «Atlantikwalls». George Patton, ein Enfant terrible der US-Generalität, hinterließ dazu folgende martialische Notiz: «Einige der *pillboxes* (= Pillendosen; gemeint sind die Bunker), welche die Deutschen gebaut haben, sind bemerkenswert stark, aber sie wurden eingenommen. Das beweist, daß gute amerikanische Truppen alles zu erobern vermögen und daß kein Strand verteidigt werden kann, wenn er massiv angegriffen wird.» Die Erkenntnisse über militärisch Machbares und Wünschenswertes sind allerdings heute längst weitergediehen, und es fehlt eigentlich nur noch ein organisatorischer Anstoß, um die Friedenswilligen aller Sparten und Länder zu einer weltumfassenden Lichterkette zu verbinden.

Sehenswert ist das berühmte Nationalgestüt Haras-du-Pin östlich von Argentan, in dem auch Führungen für Touristen angeboten werden.

Mit der Pferdekutsche geht es über das Gelände des Haras de Saint-Lô, ein Gestüt das wegen seiner Renn- und Trabrennpferde bekannt ist. Die Uniformen der Kutscher scheinen noch aus der Zeit zu stammen, in der das Gestüt gegründet wurde. Von Napoleon I. 1806 ins Leben gerufen, entwickelte es sich zu einer der bedeutendsten Pferdezuchten Frankreichs.

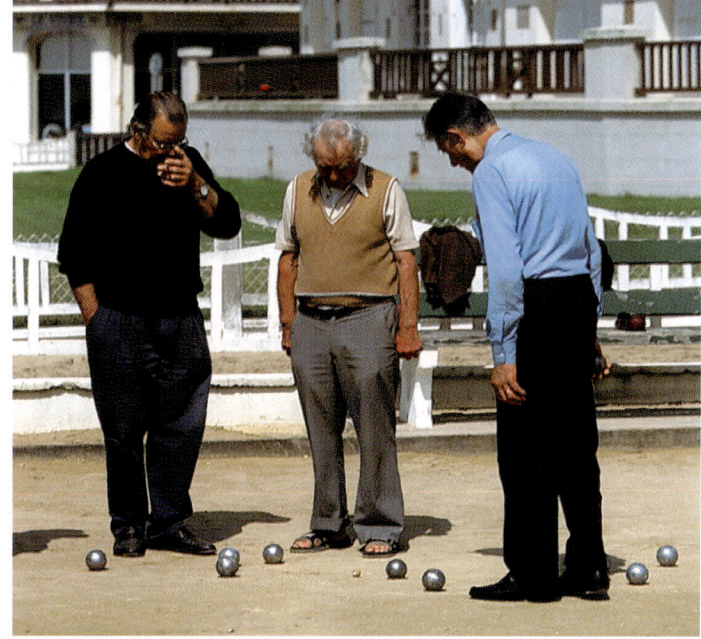

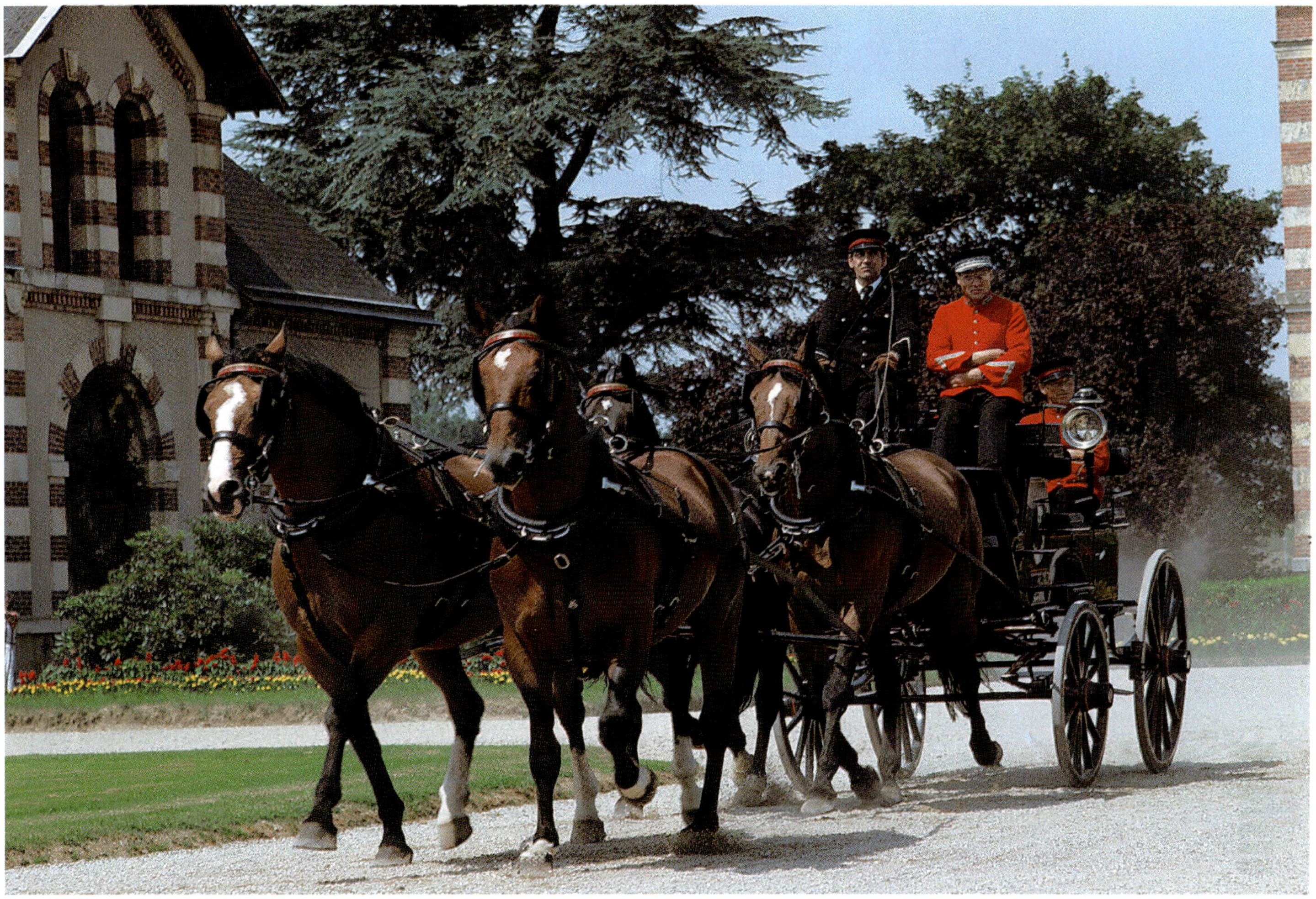

WIE BAUTEN DER AZTEKEN

Unzählige dieser «Pillendosen» aus Stahlbeton säumen noch heute die 600 Kilometer lange Strecke normannischer Küste von Le Tréport bis zur Bucht von Mont-Saint-Michel. Die Natur hat sie vereinnahmt, sie ihrem Gesetz der Veränderung unterworfen, nach dem nichts so bleibt wie es begann. Viele von ihnen gleichen gekenterten Schiffen, Dünensand fließt in sie wie in ein Stundenglas.

Der «Bunker-Archäologe» und postmoderne Philosoph Paul Virilio fühlt sich durch die Bunkerreste des «Atlantikwalls» an die altägyptischen Pyramidenbauten, die etruskischen Gräber und an die Bauten der Azteken erinnert. Aber der Franzose erkennt darüber hinaus auch noch einen konkreten Bezug zu unserer Realität.

Wenn man den massigen Betonbunker mit seinem Sehschlitz betrachtet, so schreibt er, «... dann schaut man in einen Spiegel und gewahrt das Spiegelbild unserer eigenen Todesmacht, unserer eigenen Destruktivität, das Spiegelbild der Kriegsindustrie. Der Bunker ist anwesender und abwesender Mythos zugleich: [...] abwesend in dem Maße, indem sich die Festung von heute woanders befindet: unter unseren Füßen, für uns unsichtbar.»

IM KERNLAND

Das alte Caen, nur 16 Kilometer von der Küste entfernt inmitten eines reichen Kulturlandes gelegen, wurde während der Invasion von beiden Kriegsparteien hart umkämpft, und das heißt stark zerstört. Der Wiederaufbau brachte ein angenehmes Stadtbild zustande, das durch die erhaltenen historischen

Boule, das Nationalspiel der Franzosen, ist auch bei den Männern in Trouville beliebte Freizeitbeschäftigung.

Wer träumt nicht von einem Schloß am Meer? Wie durch eine mächtige Felsbarriere von der Welt abgeschirmt, wirkt das Château de Chimay auf dieser Aufnahme – es liegt nur wenig entfernt von Barneville auf der Halbinsel Cotentin.

Bauten beträchtlich aufgewertet wird. Heute leben rund 23 000 Einwohner in Caen.

Die hochfeudalen Abteien des Benediktinerordens Saint-Étienne (Mönchskloster) und La Trinité (Nonnenkloster) gehören zu den kostbarsten Denkmälern der normannischen Romanik und lohnen jeden Umweg. Sie sind im wesentlichen Bauten des 11. Jahrhunderts, denn sie basieren auf Stiftungen Wilhelms «des Bastards» – nachmalig Wilhelms «des Eroberers» – und seiner Gemahlin Mathilde, Tochter des Grafen Baldwin von Flandern und Nichte Heinrichs I. von Frankreich. Wilhelm selbst stammte aus einer Ehe «zur linken Hand» Herzogs Roberts II. – oder, wie die Normannen sagten, einer Verbindung «more danico» (= nach dänischer Sitte) –, die Mutter war eine Bürgerstochter aus Falaise. Wenn man so will, sind die wunderbaren Abteikirchen Kinder eines sündigen Ehepaares, denn Papst Leo IX. hatte es exkommuniziert. Er war aus politischen Gründen gegen die Heirat, zumal die Braut als Cousine des ungleichen Bräutigams galt (faktisch bestand eine Verwandtschaft fünften Grades). Für seinen Dispens verlangte der Heilige Vater schließlich diese reichen Abteien als «Sühnegaben» (und vier Armenhospitäler dazu). Ehestifterin war bei dem jungen Paar – neben allen dynastischen Erwägungen – eine aufrechte Liebe, an der es unbeirrbar festhielt.

Gerade diese Verbindung von Realitätssinn, Neigung und «Dickköpfigkeit» sagt man allgemein den Bewohnern der Normandie nach, zumindest dem Landvolk. Skandinavische, richtiger wohl nordgermanische Wesenszüge sollen sich in ihrem Charakterbild erhalten haben. Und in der Tat erkennt man auch Ähnlichkeiten in der äußeren Erscheinung, denn im Kernland der Normandie, zu dem die Campagne de Caen gehört, begegnet man Menschen mit blonden Haaren und hellen Augen.

Bayeux in der fruchtbaren Aure-Ebene ist die zweite normannische Stadt, die eng mit der Regentschaft Wilhelms verbunden ist, und im Kern vermochten mittelalterliche Ensembles die Zeiten zu überdauern. Wilhelms Bruder Odo ließ als Bischof der Diözese den einzigartigen Teppich weben, der wie eine Bilderchronik den Eroberungszug nach England in allen wichtigen Phasen dokumentiert (siehe Seite 32). Er hing jahrhundertelang im Chor der Kathedrale Notre-Dame, die 1077, also rund ein Jahrzehnt nach der Erringung der englischen Königswürde, als dynastisches Baudenkmal des Hauses Normandie geweiht wurde.

Die Ruinen der Abtei Jumièges am Unterlauf der Seine sind eine Sehenswürdigkeit ersten Ranges, und für Romantiker, gar für Freunde unseres emp-

findsamen Caspar David Friedrich, führt kein Weg an der großartigen Anlage der Abtei Jumièges vorbei. Trutzige Titanenmauern – und dennoch gebrochen; kunstvolles Maßwerk und rieselnder Stein, wucherndes Kraut in den Spalten – Menschenwerk ist vergänglich, doch Gott ewig ... In diesen Sakralbauten manifestiert sich ein frommes Werk Herzog Wilhelm «Langschwerts», Rollos Sohn, denn Wikinger, seine Vorfahren, hatten sie einst zerstört. Wilhelm der Eroberer erweiterte den Hort der frommen Gelehrsamkeit und ließ die majestätische Kirche Notre-Dame errichten. Saint-Pierre ist karolingischen Ursprungs. Den gegenwärtigen Anblick der Abtei, die unter dem Augenmerk des Herzogshauses gedieh, besorgten die Kommissare der Französischen Revolution: Sie überließen Notre-Dame als Steinbruch der Menge.

AUF DER LANDZUNGE COTENTIN

Wie so manche Ortsbezeichnung der Normandie ist der Name Cotentin auf die römischen Besatzer zurückzuführen: «pagus Constantinus». Der «pagus» war ursprünglich eine ländliche Fluchtburg, dann aber der städtelose Gau eines Stammes mit Einzelgehöften und Dörfern, die älteste Siedlungsform mit gesetzlicher Ordnung in Mittelitalien schlechthin. Auf der Halbinsel Cotentin, die weit in den Ärmelkanal hinausragt, fühlt man sich streckenweise an diese uralte bukolische Lebensform erinnert. Denn der nächste Nachbar scheint eine halbe Tagesreise entfernt zu hausen. Sein Gehöft kann jedoch auch in der Senke hinter dem Fluß liegen, ja verdeckt schon hinter der übernächsten Hecke.

Entscheidend ist der Eindruck der Naturnähe, der Weltferne, den man auf den Wegen im Innern dieser Halbinsel stets empfindet. Der Wind weht meist von einer der rauhen Meeresküsten zur anderen. Mag er dort draußen auch ungestüm brausen, hier im Landesinnern streicht er milde dahin, bringt schon früh im Jahr eine Ahnung von der gewaltigen Metamorphose, die das Land im Frühling durchmacht: Es entfaltet sich zu einer einzigartigen kosmischen Gartenlaube. Gerät man zu jener Zeit etwa in die Region des Flüßchens Vire, so unterliegt man dem Blütentraum von Schneeweißchen und Rosenrot. Zumindest mag er so in der Phantasie eines Märchenerzählers erscheinen: als Garten der schaumartigen Leichtigkeit des Lebens – einen Frühling lang.

Doch konkret: Über jeder Mauer, jedem Zaun quellen Blütenbälle hervor. Es ist, als hätten die Bauern jedes Fleckchen ihrer Gehöfte mit Obstbäumen bepflanzt, damit sie sich trotz ihrer Sorgen einmal im

Das Département Manche mit der Hauptstadt Saint-Lô auf der Halbinsel Cotentin gehört zu den weniger bevölkerten Regionen der Normandie. Beliebter Ausflugsort ist hier das Cap de la Hague, der nordwestlichste Punkt der Halbinsel Cotentin.

Oben: Auf der zerklüfteten Felsenküste.

Mitte: Zufahrtsweg zu einem einsam gelegenen Bauernhof.

Unten: Gedenkstätte am Cap de la Hague.

Blick auf die Dächer von Granville. Das beliebte Seebad liegt auf einem in das Meer hinausragenden Schieferfelsen am Rand der Bucht von Mont-Saint-Michel.

Der malerische Hafen von Barfleur, einem Fischerdorf auf der Halbinsel Cotentin.

Jahr in einer Idylle wähnen können. Die Baumblüte jedenfalls ist ein grandioses Ereignis, das die stadtmüden Pariser aufs Fahrrad zwingt. Und wer mit der Zunge schnalzt, verspürt bereits einen Vorgeschmack auf das gekelterte Elixier der Blütenwolken … Hier ist es wieder, das Klischee vom allgegenwärtigen Calvados. Aber wo, wenn nicht hier in der Normandie?

Schachbrettfelder mit hohen grünen Begrenzungen so weit das Auge reicht: Das Herz des Cotentin bietet das Paradebild einer *bocage*-Landschaft. «Hecken»-Landschaft wäre hierfür nur eine vage Übersetzung, denn wie es bei den Menschen ist, so sind auch die Charaktere von Landschaften nicht identisch. Die normannischen Hecken wachsen «wild», das trockene Holz wird nicht entfernt. Urgewaltiger Efeu umrankt bis zu einer gewissen Höhe jedes erreichbare Ende. Ranken mehrerer Generationen von Brombeervölkern verzahnen sich ineinander. Mächtige Eichen, Schlehen, Stechapfel, gelber Ginster, weiße Buschrosen, Rhododendren …

Blumen vom Rittersporn zur Steinnelke bis zu orchideenartigen Stiefmütterchen (vielleicht auch umgekehrt). Diese Hecken mit artenreicher Fauna gleichen mehr Dschungelstreifen. Meist sind sie auf Mauern aus Feldsteinen gegründet, Rinnsale beglei-

ten sie. In Kriegszeiten dienten sie als natürliche Wälle, die jede Weide zur Festung machten. Normalerweise aber sind sie Girlanden des Friedens, die ein herrliches Bauernland zieren.

DAS GLÜCK DIESER ERDE …

In dem weiten, welligen, sattgrünen Normannenland gibt es einen Ort, an dem die Kreatur den Reisenden in einer besonderen Beseeltheit und Schönheit begegnet: Das ist das «Versailles des Pferdes», das Gestüt Haras du Pin. Die Percherons, kräftige Apfelschimmel, stammen von den Rössern der Sarazenen ab, die im Jahr 732 vom Seigneur de Perche erbeutet wurden. Diese gutmütigen Arbeitstiere bestechen beileibe nicht durch ihre Eleganz, aber sie haben die feurigen Augen ihrer Ahnen. Und da sind auch noch die Vollblüter, die Araber und Anglo-Araber, die auf den Parcours über den Wind triumphieren.

Tolstoi glaubte von diesen edlen Tieren, daß sie anscheinend nur deshalb nicht sprechen würden, weil «die mechanische Einrichtung des Mundes» es ihnen nicht gestatte. Aber irgend etwas in ihrem Ausdruck, ihrem Wesen scheint zu sagen, daß sie alles wissen und alles verstehen. Man muß kein Pferdenarr sein, um hier seine Tage zu verbringen.

Abends wird es ruhig auf den zahlreichen Jachten, die in Honfleur vor Anker liegen. Entlang der Promenade um das Vieux Bassin, den alten Hafen, haben in den letzten Jahren viele Restaurants und Bars eröffnet, die sich um diese Zeit mit Leben füllen.

Flurprozession mit historischen Kostümen auf dem Pardon, dem Volksfest, bei Pont Ouilly in der Normannischen Schweiz.

Mitten in der Landschaft: eine der vielen Wallfahrtskapellen in der Normannischen Schweiz.

NORMANDIE: PLANEN · REISEN · GENIESSEN

Der Strand von Étretat mit seinen markanten, steilaufragenden Kalksteinfelsen.

DATEN · FAKTEN · ZAHLEN

LAND UND BEVÖLKERUNG. Die historische Region Normandie im Nordwesten Frankreichs umfaßt die Départements *Seine-Maritime, Calvados, Manche* und Teile der Départements *Orne* und *Eure*. Sie grenzt im Nordosten an die Picardie, im Südwesten an die Bretagne und im Südosten und Süden an die Île-de-France und an Maine. Die Region ist in zwei Verwaltungsbezirke unterteilt: Der westliche Teil, die *Basse-Normandie* mit der Halbinsel Cotentin, gehört zum Armorikanischen Massiv. Der östliche Teil mit seinen Kalk- und Kreideplateaus, die *Haute-Normandie*, zählt zum Pariser Becken. Die Haute-Normandie wird zum großen Teil vom Tal der Seine durchzogen, die hier das Land in starken Mäandern zwischen niedrigen, malerisch wirkenden Kreidehügeln durchfließt. Teile des Seine-Tals sind von ausgedehnten Buchen- und Eichenwäldern bedeckt, während sich im Pays de Caux, zwischen der Nordküste und der Seine, und südlich des Flusses weite Korn- und Rübenfelder ausbreiten. Im Osten, im Pays de Bray, ähnelt die Landschaft mit ihren von Hecken und Baumreihen umgebenen grünen Weiden und den Obstgärten der Basse-Normandie, die den Westen und die Mitte der Provinz einnimmt. Für die Basse-Normandie ist diese Form der Landschaft, die sogenannte *bocage*, cha-

Karte: Normandie

Ärmelkanal

Cap de la Hague
Nez de Jobourg
Cherbourg 8
Barfleur
Saint-Vaast-la-Hougue
Valognes
Côte du Calvados
D-Day-Strände
Sainte-Mère-Église
Barneville-Carteret
Carteret 6
Saint-Sauveur-le-Vicomte
La Haye-du-Puits
Lessay
JERSEY
Omaha-Beach
Port-en-Bessin
Carentan 10
Arromanches
Riva Bella
Cabourg
Côte Fleurie
Bayeux
Balleroy 3
PARC RÉGIONAL DES MARAIS AU COTENTIN ET DU BESSIN
2
Saint-Lô
Coutances
MANCHE 9
Caen 5
CALVADOS
Hambye
18
Abbaye de Hambye
Granville 17
Villedieu-les-Poêles
Vire
Mont-Saint-Michel 26
Avranches 1
Pontaubault
Pontorson
ILLE-ET-VILAINE
Flers-de-l'Orne
Mortain
Domfort
PARC RÉGIONAL NORMANDIE-MAINE
Bagnoles-de-l'Orne 2
Fougères
MAYENNE
Falaise
Normannische Schweiz
Camembert
Vimoutiers
Livarot
Argentan
Haras du Pin 19
7 Château d'O
Mortrée
ORNE
Alençon
SARTHE
Laval 22
Pays d'Auge
Lisieux 25
Bernay
Beaumesnil
Le Neubourg
Pont Audemer
Le Bec-Hellouin
Plateau du Roumois
Honfleur 20
Trouville
Deauville 30
Le Havre 22
Caudebec-en-Caux
Tancarville
PARC NATUREL RÉGIONAL DE BROTONNE
Jumièges 21
Seine
Rouen 28
EURE
Louviers
Château Gaillard 24
Les Andelys 29
Vernon
Giverny 16
Évreux 14
L'Aigle
Mortagne-au-Perche 27
EURE-ET-LOIRE
Gisors
Vascœuil
Gournay-en-Bray
Forges-les-Eaux
Neufchâtel-en-Bray
Pays de Bray
Dieppe 12
Varengeville-sur-Mer
Fécamp
Yport 15
Étretat 13
Pays de Caux
SEINE-MARITME
Le Tréport 23
Eu
Paris

Legende

NORMANDIE

N
0   20 km

Nationalpark
Kirche
"Calvaires"
Schloß
Aussichtspunkt
M wichtiges Museum
Flughafen

Autobahn
Schnellstraße
Hauptstraßen

NORMANDIE
Paris
Seine
Loire
Rhein
FRANKREICH
ATLANTIK
Rhône
MITTELMEER

(siehe Seite 63)

Oben: Die im Nordwesten Frankreichs gelegene Provinz Normandie grenzt im Norden an den Ärmelkanal, im Westen an die Bretagne, im Süden an die Loire und im Osten an die Île-de-France und die Picardie. Die Küstenlinie reicht von Le Tréport bis zur Bucht Mont-Saint-Michel.

Rechts: Stall in einem Gutshof bei Coupesarte im Pays d'Auge südlich von Lisieux.

rakteristisch. Die Küstenlinie der Normandie erstreckt sich über 600 Kilometer zwischen Le Tréport und dem Mont-Saint-Michel. Sie besteht teilweise aus einer bis zu 100 Meter hoch aufragenden Steilküste, besitzt aber vielerorts auch ausgedehnte Sandstrände (siehe Seite 63). Von der Orne-Mündung bis zur Ostküste der Halbinsel Cotentin sowie im mittleren Teil der Westküste dieser Halbinsel ist die Küstenlinie jedoch vorwiegend flach.

Die Normandie hat etwa 3,15 Millionen Einwohner. Die stärker industrialisierte Haute-Normandie ist dabei mit rund 1,73 Millionen Einwohnern etwas dichter besiedelt als die Basse-Normandie (etwa 1,42 Millionen Einwohner). Neben der Landessprache Französisch wird in

einigen Gebieten der Normandie auch noch der *patois normand*, eine normannische Mundart, gesprochen.

WIRTSCHAFT UND TOURISMUS. Die Landwirtschaft, durch das mild-feuchte Klima begünstigt, ist eindeutig der dominierende Wirtschaftszweig der Normandie. Die Hälfte der gesamten Bodenfläche umfaßt Weideland, ein Viertel Ackerland. In der Viehzucht ist die Normandie die führende Region in Frankreich. Sie stellt etwa ein Fünftel des gesamten französischen Viehbestands. Über ein Viertel der Fleisch- und Milchprodukte stammt von hier. Der Ackerbau spielt in der Haute-Normandie, in der Getreide, Zuckerrüben und Flachs angebaut werden, eine größere Rolle als

in der Basse-Normandie, in der hauptsächlich Gemüse- und Kartoffelanbau betrieben wird. Letztere ist außerdem für ihre Pferdezucht (siehe Seite 67) berühmt. In der gesamten Normandie spielt auch der Obstanbau eine bedeutende Rolle. Etwa ein Drittel aller Äpfel und Birnen Frankreichs wird in der Normandie geerntet. Eng mit dem Apfelanbau verbunden ist die Herstellung zweier berühmter landestypischer Spezialitäten: des Cidre, des bekannten Apfelmosts, und des Calvados, des Apfelbranntweins (siehe Seite 60).

Während in der Haute-Normandie fast 45 Prozent der Beschäftigten in der Industrie arbeiten, sind es in der Basse-Normandie nur etwa 30 Prozent.

Das größte industrielle Ballungsgebiet konzentriert sich im Seine-Tal zwischen Le Havre und Rouen: Die Betriebe der Metallindustrie, Werften und Erdölraffinerien bilden die Schwerpunkte. Daneben gibt es optische, chemische, elektrotechnische und holzverarbeitende Industriezweige, ferner Textil- und Papierindustrie.

Die bedeutende Rolle des Fremdenverkehrs hat in der Normandie bereits seit mehr als hundert Jahren Tradition (siehe Seite 22). Seit im Jahr 1824 die Herzogin von Berry durch ihren Besuch in Dieppe das Startzeichen für den Tourismus gab, setzt alljährlich in den Sommermonaten die Invasion der Pariser zu den berühmten Stränden von Deauville und Trouville ein. Als Wirtschaftsfaktor ist heute der Fremdenverkehr vor allem in der Basse-Normandie von großer Bedeutung, die von den ausgedehnten Sandstränden an ihrer rund 450 Kilometer langen Küste profitiert.

GUT BERATEN IN DIE FERIEN

VOR DER REISE. Informationen und Prospektmaterial erhält man bei den *Französischen Fremdenverkehrsämtern*: Westendstraße 47, Postadresse: Postfach 100128, 60325 Frankfurt am Main, Tel. 069/7 56 08 30. Keithstraße 2–4, Postadresse: Postfach 150465, 10787 Berlin, Tel. 030/2 18 20 64. Hilton Center,

DATEN ZUR GESCHICHTE DER NORMANDIE

56 v. Chr. Sieg der Römer über die seit etwa 500 Jahren in der Normandie ansässigen Kelten.

3. und 4. Jahrhundert Einfälle der Goten setzen der römischen Herrschaft ein Ende. Die Christianisierung beginnt allmählich. Rouen wird erster Bischofssitz.

7./8. Jahrhundert Klostergründungen mit großer wirtschaftlicher Bedeutung. **708** wird der mächtige Klosterberg Mont-Saint-Michel begründet (siehe Seite 64).

9. und 10. Jahrhundert Einfälle der Wikinger. **911** wird der Wikingerführer Rollo erster Herzog der Normandie.

1066 Der normannische Herzog Wilhelm der Eroberer siegt in der Schlacht bei Hastings und wird im Anschluß zum König von England gekrönt. Die Eroberung wird auf dem Wandteppich von Bayeux dargestellt (siehe Seite 32).

1204 Johann ohne Land wird aus Frankreich vertrieben, die Normandie wird mit der französischen Krone vereinigt.

1346 Beginn des Hundertjährigen Kriegs zwischen England und Frankreich. England besetzt die Normandie.

1431 Prozeß und Verbrennung Jeanne d'Arcs, der «Jungfrau von Orléans» in Rouen (siehe Seite 72).

1434–1450 Abzug der Engländer.

1517 Gründung der Hafenfestung Le Havre.

1562–1598 Die Religionskriege bringen erbitterte Kämpfe zwischen Hugenotten (Protestanten) und Katholiken. Nach Aufhebung des Edikts von Nantes (1685) Flucht der Hugenotten ins Ausland.

1789–1800 Französische Revolution. Anschließend Widerstand der Royalisten (Chouans) gegen das Konsulat.

6. Juni 1944 Mit dem «Unternehmen Overlord» beginnt die Invasion der Alliierten in der seit 1940 von der deutschen Wehrmacht besetzten Normandie.

1994 Der Klosterberg Mont-Saint-Michel wird von der UNESCO auf die Liste des Kulturerbes der Menschheit gesetzt.

1995 Die neue, spektakuläre Seine-Brücke Pont du Normandie zwischen Le Havre und Honfleur wird eröffnet (siehe Seite 66).

Oben und unten: Legendärer Tag in der Geschichte der Normandie war der 6. Juni 1944. An diesem Tag, dem «D-Day», landeten die alliierten Streitkräfte in der Normandie.

Gewohnter Anblick überall in Frankreich: Frisches Baguette am Morgen – notfalls an der Lenkstange des Fahrrads befestigt.

Landstraßer Hauptstraße 2, Postadresse: Postfach 111033, A-1020 Wien, Tel. 02 22/71 57 06 10. Löwenstraße 59, Postadresse: Postfach 7226, CH-8023 Zürich, Tel. 01/2 11 30 85.

VOR ORT. Comité Régional du Tourisme, 14, rue Charles Corbeau, F-27000 Evreux. In Frankreich erhält man im *Office du Tourisme* oder *Syndicat d'Initiative*, das es in jedem größeren Ort gibt, Auskunft, Karten und Informationsmaterial. Außerdem kann man dort gleich eine Ferienwohnung oder ein Hotelzimmer mieten und erhält Tips zu allen Sportmöglichkeiten sowie den Terminkalender der Feste und Festivals.

DAS KLIMA UND DIE BESTE REISEZEIT

In der Normandie herrscht ein gemäßigtes Klima vor. Auf der Halbinsel Cotentin kann es im Frühling und im Herbst sehr windig sein. Die Strände der Westküste zwischen Nez de Jobourg und Mont-Saint-Michel sind dagegen recht geschützt. Die Sommer sind meist angenehm warm. Die Winter sind im Verhältnis so mild, daß mancherorts sogar exotische Pflanzen im Freien überwintern

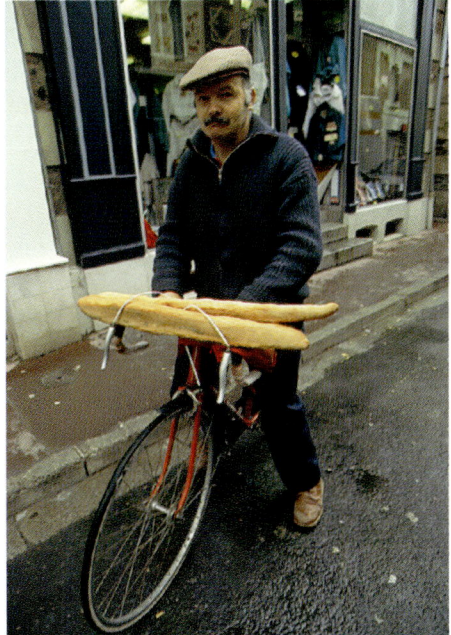

können. Die durchschnittliche Mittagstemperatur beträgt im Mai etwa 15 Grad Celsius, im Juni 18 Grad, im Juli und August 19 Grad, im September 18 Grad und im Oktober 15 Grad. Die nicht gerade seltenen Regentage sind über das ganze Jahr verteilt. Besonders schön ist die Normandie im Hochsommer und im Frühjahr zur Zeit der Apfelblüte.

ANREISE

AUTO. Der Großteil der zahlreichen *autoroutes*, der Autobahnen, führt ebenfalls über Paris. Die französischen Autobahnen sind mautpflichtig. Am besten sind viele Teile der Normandie über die Autobahn A 13 (Paris – Caen) zu erreichen. Die Entfernung Hamburg – Caen beträgt etwa 1250 Kilometer, die Strecke Frankfurt – Paris – Caen etwa 870 Kilometer und München – Caen 1100 Kilometer.

BAHN. Die Fahrt mit der hochmodernen französischen Staatsbahn «SNCF» von Paris nach Dieppe, Caen oder Le Havre dauert nur etwa zwei Stunden, nach Cherbourg vier und nach Granville dreieinhalb Stunden. Über die zahlreichen Preisvergünstigungen für Touristen sollte man sich am besten vor Reiseantritt im Reisebüro erkundigen.

FLUGZEUG. Alle Flugverbindungen führen über Paris. Von dort aus fliegt die französische Fluggesellschaft «Air Inter» die Städte Rouen, Dunkerque und Bayeux an. Auskünfte zu den Anschlußflügen erteilt die «Air France». Sie können vom Flughafen Paris aus auch bequem mit der Bahn weiterreisen.

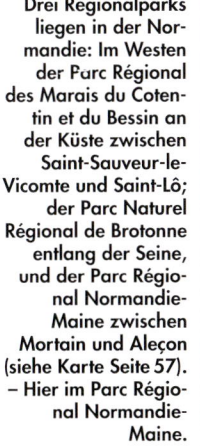

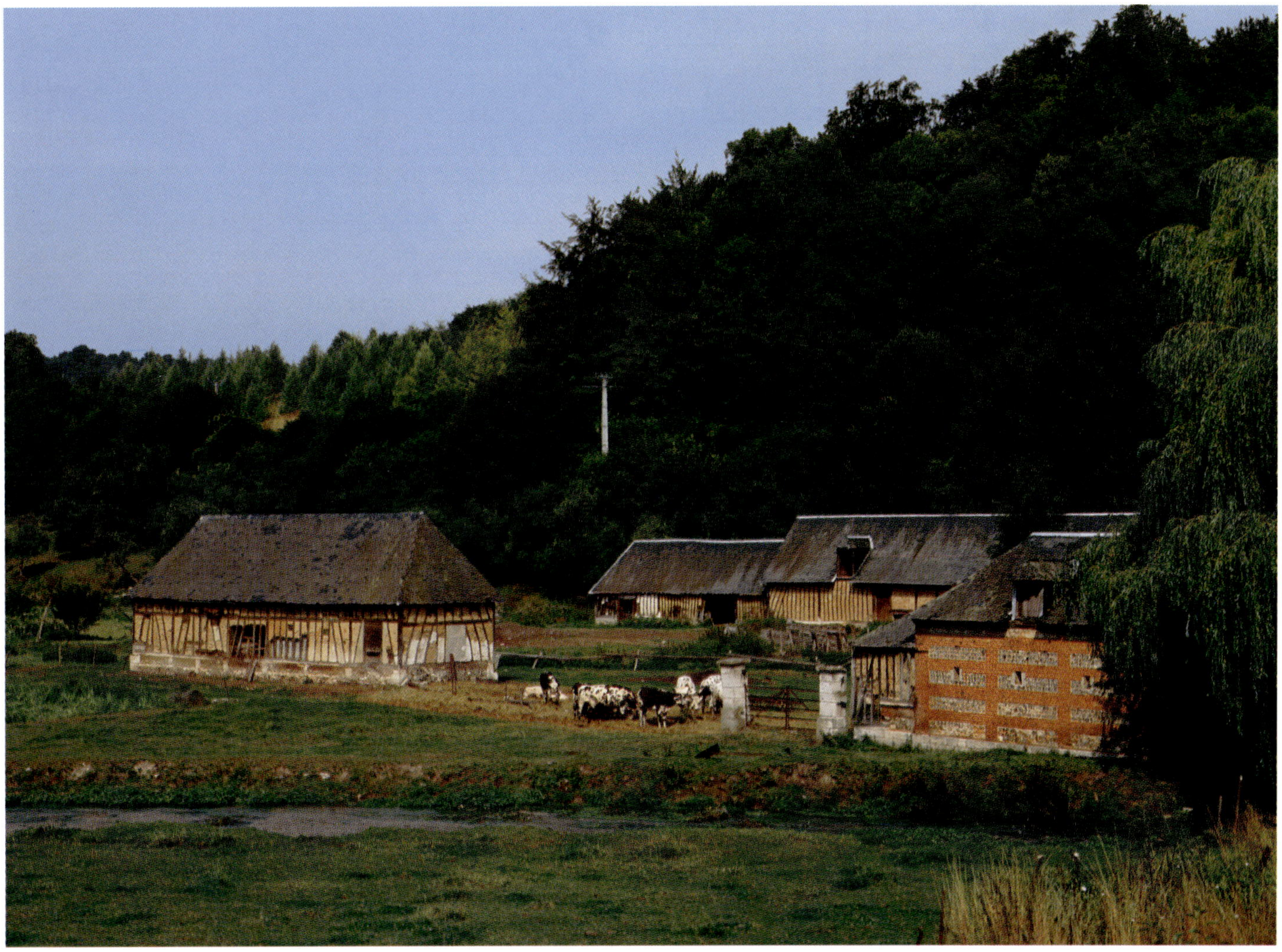

Drei Regionalparks liegen in der Normandie: Im Westen der Parc Régional des Marais du Cotentin et du Bessin an der Küste zwischen Saint-Sauveur-le-Vicomte und Saint-Lô; der Parc Naturel Régional de Brotonne entlang der Seine, und der Parc Régional Normandie-Maine zwischen Mortain und Aleçon (siehe Karte Seite 57). – Hier im Parc Régional Normandie-Maine.

FISCHTOPF UND GEFÜLLTE ENTE

Die normannische Küche ist herzhaft. Sie bedient sich vor allem der Grundprodukte des Landes: Rind- und Hammelfleisch, Geflügel, Fische und Meeresfrüchte (siehe Seite 61), Äpfel und Birnen, Käse und Rahm *(crème fraîche)*. Zu vielen Gerichten wird eine weiße cremige Sauce, die *sauce normande*, serviert, die sowohl zu Eiern und Fisch als auch zu Hühnchen und Gemüsen paßt. Vielfältig ist das Angebot an frischem Fisch, der schmackhaft zubereitet wird: Seezunge, Steinbutt, Makrele und Rochen werden zum Beispiel häufig gegessen, oft mit einer Sauce, die Cidre oder Calvados enthält. Berühmt ist die klassische *sole à la normande*: Seezunge mit Garnelen, Austern, Muscheln und Pilzen. Die *marmite dieppoise* ist ein nordisches Pendant zur provençalischen Bouillabaisse: Der «Fischtopf nach Diepper Art» wird aus Steinbutt, Seezunge, Seeteufel, Muscheln und Garnelen zubereitet, die in Weißwein und Sahne mit Sellerie, Zwiebeln, Lauch und Fenchel gekocht werden.

Eine kulinarische Köstlichkeit und vom Preis her vergleichsweise erschwinglich sind Krusten- und Schalentiere: Hummer mit Sahnesauce *(homard à la crème)*, gefüllte Taschenkrebse und frische Austern – pur oder mit ein wenig Zitronensaft – und andere Meeresfrüchte. Was immer man auch wählt, etwas Roggenbrot mit leicht gesalzener Butter und ein Glas trockener Cidre sollten auf keinen Fall fehlen.

Die *tripes à la mode de Caen*, Kutteln mit Zwiebeln, Karotten und Lauch in Cidre und Calvados gekocht, sind eine Spezialität aus Caen. *Boudin noir* (Blut-

CIDRE UND CALVADOS

«Flüssiges Gold der Normandie» nennt man sie auch, den süffigen Cidre und den Calvados mit seinem unvergleichlichen Geschmack. Die Basis für diese mittlerweile in der ganzen Welt bekannten Spezialitäten aus der Normandie bildet der Apfel. Rund 2000 Apfelsorten zählt man im Département Calvados. Die wohlkomponierte Mischung verschiedener Apfelsorten ergibt den charakteristischen Geschmack. Im Oktober werden die vollreifen Äpfel geerntet und zu Cidre, Apfelmost, vergoren.

Der Apfelmost wird weiterverarbeitet zum Apfelschnaps, dem Calvados. Er ist das hochprozentige Lebenselixier, das die Menschen im gleichnamigen Département schon seit dem Mittelalter begleitet. Bis 1953 besaßen die Bauern dort sogar noch ein Erbbrennprivileg für Calvados.

Bei der Herstellung des Calvados wird der Cidre etwa zwei Jahre lang auf seiner Hefe gelagert und dann in einem Kupferapparat arabischer Herkunft mit dem normannischen Namen «Alambic» gebrannt. Wasserklar rinnt das frische Destillat mit 70 Prozent Alkoholgehalt in den Bottich. Erst nach dem Reifen in einem Eichenfaß – mindestens fünf Jahre, möglichst aber länger – erhält «La Goutte», «der Tropfen», seine spezifische «engelsanfte» Qualität.

Auf der *Route du Cidre* bei Cambremer westlich von Lisieux erfährt man alles Wissenswerte über die Geschichte und die Herstellung von Cidre und Calvados.

wurst), zu der ein Kartoffelbrei mit Äpfeln gut schmeckt, und *andouille* und *andouillette*, eine Wurst aus Innereien, sind ebenfalls typische Landesspezialitäten. Ein Leckerbissen ist das *agneau présalé*, Lammfleisch, das seinen würzigen Geschmack den vom Meerwasser salzigen Weiden des Marschlands verdankt. Es wird häufig mit weißen Bohnen serviert. In Rouen bereitet man die mit Fleischfarce gefüllte Ente *(canard à la rouennaise)* im frischen Blut der Tiere zu. Köstlich ist das *omelette de la Mère Poulard*, das rund um den Mont-Saint-Michel gegessen wird.

Zum Dessert ißt man Käse, neben dem berühmten Camembert (siehe Seite 28) gibt es noch etwa dreißig andere, nicht weniger wohlschmeckende normannische Käsesorten. Auch die normannischen Süßspeisen, delikate Kompositionen aus Äpfeln, Birnen, Sahne, Cidre oder Calvados, erfreuen sich großer Beliebtheit, zum Beispiel warmer Apfelkuchen, mit Zucker bestreut, Äpfel oder Birnen im Teigmantel, die *bourdelots* oder *douillons*.

Bekannte Getränke sind Cidre, der sprudelnde Apfelmost, und Calvados, der berühmte Apfelschnaps (siehe oben), der zum Abschluß eines Menüs oder auch zwischen den einzelnen Gängen getrunken wird, um als sogenanntes *trou normand* noch Platz im Magen für weitere Köstlichkeiten zu schaffen.

Cidre, der normannische Apfelmost, neben Calvados die beliebteste kulinarische Spezialität der Region (oben). Kenner rühmen den Käse aus der Normandie – und zwar nicht nur den weltberühmten Weichkäse, den Camembert (siehe Seite 28), sondern auch die rund dreißig anderen geschmacklich sehr unterschiedlichen Käsesorten (unten).

Links: Cidre-Herstellung in den dreißiger Jahren. Fast auf jedem Hof existierte eine Kelter, in der die Äpfel gepreßt und der süffige Apfelmost gewonnen wurde. Ein Teil des Cidre wurde zum Gären gelagert – und später zu Calvados weiterverarbeitet.

KÖSTLICHE FRÜCHTE DES ATLANTIKS
Fischerei und Austernzucht

Berühmt ist die Normandie besonders bei Gourmets wegen ihrer kulinarischen Spezialitäten, die aus Meeresfrüchten – frisch von der normannischen Küste – zubereitet werden.

Die Hummernkörbe auf dem Kai der Fischer, das Geschrei der Möwen, die frisch geknackte Auster vom Faßdeckel und dazu das Klatschen der gischtenden Wogen: Inbegriffe eines Hafenbummels in der Normandie. Dann als Kiebitz in der Versteigerungshalle, angelockt vom unverständlichen Singsang des Auktionators. Die Bietenden reagieren nur mit einem Zucken der Augenbraue, einer Berührung der Nasenspitze: Signale für Eingeweihte. Und dann machen sie einen Schritt vorwärts auf den Borden der Kisten mit Kabeljau, Seezungen, Garnelen, Muscheln, die sie erstanden haben. Kurz darauf kommt Bewegung in die Transporter und Lieferwagen mit den Nummernschildern von Paris, Orléans, Straßburg und anderswo. Die steife Brise fegt sie wieder davon.

Der bedeutendste Fischereihafen der Normandie ist das gleichermaßen als Seebad bekannte *Fécamp*. Am lebhaftesten geht es hier im Bassin Freycinet zu, der Frischfisch wird am Quai de la Marne gelöscht.

Die wichtigsten Arten für die Fischerei an der Nordküste sind Schellfisch *(aigrefin)*, Sardinen *(sardines)*, Heringe *(harengs)*, Makrelen *(maqueraux)*, aber auch Steinbutt *(turbot)*, Seeteufel *(lotte)* und Seelachs *(saumon de mer)*. Für die heimische Küche, aber auch für den Export sind von vitaler Bedeutung: Austern *(huîtres plates)* und die besonders großen Austern *(huîtres creuses)*, diverse Muscheln *(coquillages* oder *moules)* und Krustentiere *(crustacés)*. Auf den Menükarten der gehobenen Gastronomie dürfen Hummern *(homards;* die kleinere Sorte heißt *demoiselles à Cherbourg)*, Garnelen *(crevettes)*, Langustinen *(langoustines)*, Krebse *(tourteaux)* und Schnecken *(escargots)* nicht fehlen. Eine Augenweide sind in den Restaurants die überbordenden Silberplatten, auf denen man den Reichtum des Meeres in seiner ganzen Vielfalt serviert bekommt: *fruits de mer.*

Austern werden in Mastparks *(parcs d'affinage)* gezüchtet. Man sieht diese Anlagen als flache Kastenkonstruktionen bei Ebbe in manchen Buchten. Die winzigen Larven (etwa 0,3 Millimeter) werden von speziellen Unternehmen geliefert. Sie schwimmen zunächst frei aus, setzen sich aber allmählich an den dafür mit Kalk präparierten Ziegeln fest. Nach acht Monaten werden sie in «Parks» umgesetzt, in denen sie an Größe zunehmen. Erst nach weiteren zwei, drei Jahren werden sie in die Mastparks umquartiert, wo sie bis zur Marktqualität reifen. Ihren speziellen ozeanischen Gusto gewinnen sie durch ein Verfahren, das sie veranlaßt, Meerwasser zu speichern. Bekannt für ihre Austernzucht sind *Courseulles-sur-Mer* vor Caen und *Saint-Vaast-la-Hougue* an der Ostküste von Cotentin.

Bei Ebbe kann man regelmäßig beobachten, wie Gruppen oder auch einzelne Strandläufer losziehen, bewaffnet mit Körben, Eimerchen, Schaufeln, Rechen oder Keschern. Sie suchen den Strand nach den Köstlichkeiten ab, die von der Flut zurückgelassen oder freigeschwemmt wurden: Muscheln, kleinere Austernarten, diverse Krabbenspezies, Miesmuscheln, Krebse, Seeigel. Egal wie bescheiden oder opulent die Beute ausfällt: Die «Strandräuberei» zum Zweck der Nahrungssuche ist völlig legal, und auch das Angeln am Meer mit einem einfachen Haken ist erlaubt.

Eine Delikatesse mit Tradition sind die an der normannischen Küste gewonnenen Austern. Schon die Römer schätzten diese Köstlichkeit, die ihren Geschmack am besten zusammen mit einem trockenen Weißwein entfaltet. Seit dem 19. Jahrhundert wird die Austernzucht in der Provinz Normandie systematisch in Mastparks betrieben, wie in Courseulles-sur-Mer vor Caen und in Saint-Vaast-la-Hougue an der Ostküste der Halbinsel Cotentin.

SCHLOSSHOTEL ODER CAMPINGPLATZ?

Die *Direction du Tourisme* hat die Hotels in Kategorien, nach denen einer bis vier Sterne vergeben werden, eingeteilt. Die Preise sind meist am Eingang oder am Empfang ausgehängt. Besonders viele der luxuriösen Vier-Sterne-Hotels findet man in Cabourg und Deauville. Die erschwinglichen Zwei-Sterne-Hotels, die am häufigsten zu finden sind, sind in der Regel bequem und sauber.

In der Normandie gibt es außerdem über 350 Campingplätze – viele in besonders schöner Lage (über ein Drittel der Plätze befindet sich direkt an der Küste) –, die ebenfalls in Kategorien von einem bis vier Sterne eingeteilt sind. Viele Campingplätze bieten Wassersportmöglichkeiten und haben einen Fahrradverleih. Auch Bauern vermieten Stellplätze für Campinganhänger und Wohnmobile auf ihrem Grundstück (Hinweisschilder *camping à la ferme*). Wildes Campen ist nicht gestattet.

In der Hauptsaison, ab dem 1. Juli, ist eine Vorausbuchung unbedingt zu empfehlen. In den *Châteaux-Hôtels de France* oder den *Relais-Châteaux* (Vier-Sterne-Hotels) kann der Gast in ehemaligen Schlössern wohnen. Die *Relais du Silence* sind Zwei- bis Vier-Sterne-Hotels in ländlich ruhiger Umgebung. Die Hotels der Kette *Climat de France* liegen an verkehrsgünstigen Punkten in einem touristisch interessanten Gebiet. Sie bieten in der Regel ein im Zimmerpreis inbegriffenes Frühstücksbuffet. Wenn das Schild *Logis de France* am Eingang hängt, handelt es sich um ein familiär geführtes kleines Hotel am Stadtrand zu günstigem Preis. Die *Auberges de France* sind ländliche Gasthöfe, und die *Gîtes de France* und die *Gîtes ruraux* sind Apartments oder Häuser, die für längere Aufenthalte (gewöhnlich mindestens eine Woche) geeignet und preisgünstiger als Hotels sind. Im Mietpreis sind alle Nebenkosten (außer Bettwäsche) eingeschlossen. In einer *Chambre d'hôte*, einem privaten Gästezimmer mit Frühstück, kann man erholsame Ferien auf dem Bauernhof machen.

ALLGEMEINE ÖFFNUNGSZEITEN

Banken sind gewöhnlich von 9 Uhr bis 12 Uhr und von 14 Uhr bis 16 Uhr geöffnet. Samstags oder montags sind sie geschlossen. *Postämter* öffnen werktags von 9 Uhr bis 19 Uhr, samstags von 8 Uhr bis 12 Uhr. In kleineren Städten gibt es meistens von 12 Uhr bis 14 Uhr eine Mittagspause.

Frankreich hat kein einheitliches Ladenschlußgesetz. Die meisten größeren *Geschäfte* sind von Dienstag bis Samstag von 9 Uhr bis 19 Uhr geöffnet und Montag vormittags oder ganztags geschlossen. Bäckereien, Lebensmittelgeschäfte und Metzgereien sind häufig auch am Sonntagvormittag offen.

Museen und *Schlösser* haben unterschiedliche Öffnungszeiten, sind jedoch meistens täglich außer dienstags von 10 Uhr bis 17.30 Uhr geöffnet, manchmal mit einer Mittagspause. Erkundigen Sie sich am besten vorher bei den Fremdenverkehrsämtern. Zahlreiche Sehenswürdigkeiten sind außerdem nur während der Hauptsaison zu besichtigen.

Die weiten Sandstrände an der Küste der Normandie zogen schon im 19. Jahrhundert die Sommerfrischler magisch an. Um die Jahrhundertwende war das Flanieren auf den eigens dafür ausgebauten Strandpromenaden – hier in Trouville – Mode (links). – Heute bieten sich am Strand vielfältige Sportmöglichkeiten (oben und Bilder rechts).

Deauville, beliebter Ferienort, dessen Strand im Sommer von Sportlern, wie diesem Strandsurfer (oben rechts) bevölkert ist, galt zur Zeit der Belle Époque als eines der mondänen Seebäder der Normandie; zu seinen Vergnügungsstätten zählte das Spielcasino (unten; Foto von 1925).

regt, wunderschöne Klöppelspitzen an. In Honfleur werden Schiffszubehör und allerlei Waren aus Messing angeboten.

DIE FESTE FEIERN WIE SIE FALLEN

Im Sommer werden in der gesamten Normandie, vor allem jedoch auf der Halbinsel Cotentin, jede Menge Klassik-, Jazz- und Rockkonzerte veranstaltet: zum Beispiel im Mai in *Coutances* das «Jazzfest unter Apfelbäumen» und im Juli und August Kammermusikkonzerte auf dem *Mont-Saint-Michel*. Zu Karneval gibt es in *Granville* Maskenumzüge.

KERAMIK UND KLÖPPELSPITZE FÜR ZU HAUSE

Rouen ist berühmt für seine wunderschönen Fayencen (Keramik mit Zinnglasur). Sie haben eine lange Tradition, die bis in die Mitte des 16. Jahrhunderts zurückreicht, und gehören zu den meistgefragten Keramiken Frankreichs. Besonders kostbar sind auch die Nadelspitzen aus Alençon. In Bayeux, Caen und Dieppe fertigt man, von Flandern ange-

Im März wird in *Mortagne-au-Perche* ein Blutwurstfest gefeiert. Eine Prozession zu Ehren von Jeanne d'Arc (siehe Seite 72) findet am Sonntag nach dem 30. Mai in *Rouen* statt. Am letzten Sonntag im Juli trifft sich die Seemannsgilde in *Granville* zu einem Fackelzug. Das große Ereignis für Pferdenarren, der «Grand Prix» von *Deauville*, findet am letzten Sonntag im August statt. Und einer der größten Pferdemärkte der Normandie, begleitet von allerlei buntem Volksfesttreiben, lockt im Septem-

ber Scharen fröhlicher Besucher nach *Lessay*. Am vierten Sonntag im September begeht Lisieux das Fest der heiligen Therese. Und am *Mont-Saint-Michel* wird am Sonntag, der dem 29. September am nächsten ist, das Fest des Erzengels Michael gefeiert.

SEEBÄDER UND STRÄNDE

Die Normandie bietet auf mehreren hundert Kilometern Küstenlinie eine reiche Auswahl an Badesträngen. Die Küste des *Pays de Caux* mit ihren hohen weißen Klippen, die von grünen Tälern und Kiesstränden durchschnitten, oder mit vorgelagerten schmalen Sandstreifen verbreitert sind, liegt zwischen Dieppe und Le Havre und ist an manchen Teilen stark von Ausflüglern aus Paris frequentiert. An der Küste des *Calvados*, zwischen Seine und Orne, mit der Côte Fleurie dehnen sich feine weite Sandstrände. Hier liegen die berühmten Seebäder Deauville, Trouville, Houlgate und Cabourg (siehe Seite 22) sowie ruhigere Familienbäder wie Villers, Villerville und Blonville. Die Sandstrände von Caen und Bayeux, zwischen Orne und Vire, sind ebenfalls für Familien geeignet. Landschaftlich reizvoll mit naturbelassenen Stränden ist die Küste des *Cotentin*. Sie eignet sich besonders für sportliche Badegäste und solche, die die Einsamkeit lieben.

WER SICH SPORTLICH BETÄTIGEN WILL ...

Natürlich ist die Normandie in erster Linie ein Urlaubsziel für Freunde des *Wassersports*. Schwimmer sollten an unbewachten wilden Stränden allerdings vorsichtig sein. In fast allen Ferienorten und Häfen gibt es ausgezeichnete Segelschulen, die Kurse veranstalten, und in den größeren Seebädern finden alljährlich Segelregatten statt. Surfer können überall Bretter mieten. Für Taucher herrschen an der felsigen Küste des Cotentin zwischen Barfleur und Avranches ideale Bedingungen, ebenso an der Küste des Pays de Caux. Auch *Fahrradfahren* erfreut sich großer Beliebtheit. Die flache oder leicht hügelige Landschaft der Normandie eignet sich hierfür vorzüglich. In zahlreichen Städten und Dörfern gibt es einen Fahrradverleih. Zu den beliebtesten Sportarten gehört das *Reiten*. Reitklubs in der ganzen Normandie organisieren Ausritte in die Wälder oder entlang der Küste. In allen größeren Orten an den Küsten und im Binnenland können Sie Pferde mieten. Weitere Sportmöglichkeiten sind: *Angeln*, *Wandern*, *Kanu-* oder *Kajakfahren*.

«WUNDER DES ABENDLANDES»
Der Mont-Saint-Michel

Etwa achtzig Meter hoch ist der Granitkegel, der an der Grenze zur Bretagne wie eine uneinnehmbare Festung aus dem Meer ragt. Seit über tausend Jahren zieht diese Insel mit dem Heiligtum des Erzengels Michael magnetisch Pilger aus aller Welt an. Der Mont-Saint-Michel mit seinem großangelegten Kloster gilt als eine der meistbesuchten Sehenswürdigkeiten Frankreichs.

nug, zu diesem Symbol der Beständigkeit im Fluß der Zeit zu pilgern, um sich an seinem Beispiel zu stärken. Doch konkret wallfahren die Gläubigen seit dem Hochmittelalter hierher, um den Schutz des heiligen Michael für sich zu erbitten. Von der Klostergründung zu Beginn des 8. Jahrhunderts berichtet die Legende: Im Jahr 708 erschien der Erzengel Michael dem Bischof Aubert von Avranches und befahl ihm, auf dem Felskegel vor der Bischofsstadt – wo schon Kelten und Römer Heiligtümer besessen hatten – eine Kapelle zu erbauen. Eine Sturmflut verschlang den die kleine Kirche umge-

Das «Wunder des Abendlandes» hat man dieses zauberische Phänomen über der Meeresbucht getauft: Mont-Saint-Michel, die Klosterinsel in der nach ihr benannten Bucht im Grenzbereich zwischen Normandie und Bretagne. Natur, Religion, Kunst und Geschichte gingen hier eine einzigartige Verbindung ein. Der Umstand, daß ein zum Heiligtum ausgebauter Granitfelsen der Gewalt des Meeres auf ewig zu trotzen scheint, wäre schon Anlaß ge-

benden Wald, so daß der Berg, nun Sankt Michael geweiht, frei und vor feindlichem Zugriff sicher von den Fluten umspült wurde. Aus dem kleinen Gotteshaus entwickelte sich eine karolingische Abtei der Benediktiner.
Der Orden des heiligen Benedikt von Nursia erwarb sich im Hochmittelalter Verdienste als Erzieher des Abendlandes, und so nimmt es nicht wunder, daß Mont-Saint-Michel bald den Ruf eines Kulturzentrums genoß, das wie-

derum neuer Bauten bedurfte. Im Lauf der Jahrhunderte entstand auf dem Berg ein komplexer Organismus sakraler, militärischer und ziviler Architek-

Ganz links: Der Klosterberg mit dem Erzengel Michael (Buchmalerei, 15. Jahrhundert).

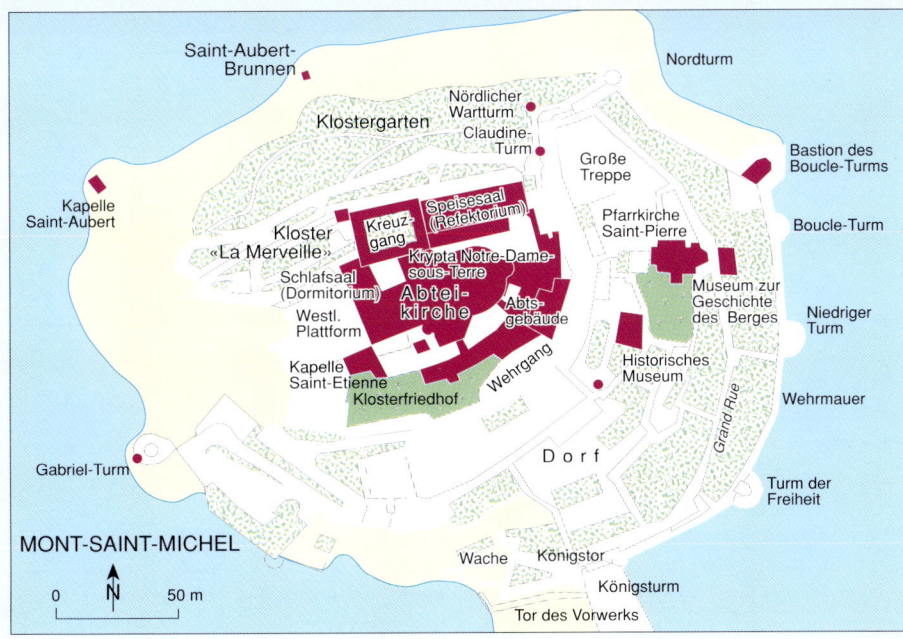

turen: Nach der karolingischen Unterkirche – umgewandelt zur Krypta *Notre-Dame-sous-Terre* – wurde auf dem Gipfel eine *Abteikirche* (1022 bis 1135) in normannischer Romanik errichtet. Die Klostergebäude erheben sich auf der Westflanke des Kegels sowie zu beiden Seiten des Kirchenschiffs. Im Norden entstand zwischen 1203 und 1228 das herrliche dreistöckige Klostergebäude *La Merveille* (Das Wunder) im gotischen Stil. Im majestätischen Rittersaal wurden auch Gäste von höchstem Rang empfangen, zum Beispiel der französische König Ludwig der Fromme. Der Kreuzgang ist von erlesener Schönheit. Von 1446 bis 1521 wurde der Chor im prachtvollen Flamboyant-Stil erneuert. Im südlichen Teil entstanden die neuen Gemächer des Abts und die Unterkünfte für das Militär. Hier entwickelte sich ein kleines Dorf für die Betreuung der Pilger, deren Stiftungen, aber auch Erwerbungen von geweihten Medaillen und sonstigen Objekten der Abtei zu wirtschaftlicher Blüte verhalfen. Die Verehrung des heiligen Michael – er galt als kriegerischer Erzengel und Überwinder des Satans – hatte das gesamte von Kriegen zerrissene Europa erfaßt: Die Pilger, auch aus dem Ritterstand, strömten zum Mont-Saint-Michel.

Oben: Die beeindruckende Silhouette des Mont-Saint-Michel im Abendlicht.

Links: Am Fuß des Klosterbergs laden kleine Lokale die Touristen zu einer Stärkung ein. – Hier eine Crêperie.

Rechts: Blick auf den Grundriß des festungsartig angelegten Klosterbergs, ein Komplex aus Bauten unterschiedlicher Epochen.

Ganz rechts: Die mittelalterliche Kapelle Saint-Aubert auf dem äußersten südwestlichen Felsvorsprung des Granitbergs.

Die mehrere Jahrhunderte während den Wirren – allein der Krieg mit Britannien von 1339 bis 1453 trägt ja den Namen «der Hundertjährige» – machten einen festen Mauerring mit Toren, Türmen, Rampen und Bastionen notwendig, der sich schneckenförmig um den Granitkegel windet.

Bucht und Klosterberg stehen heute unter dem Patronat der UNESCO: Sie gehören zum schützenswerten Kulturerbe der Menschheit.

SEHENSWERTE ORTE UND LANDSCHAFTEN VON A BIS Z

Ziffern im Kreis verweisen auf die Karte auf Seite 57, kursive Ziffern auf Abbildungen.

AVRANCHES ①. Bischofsstadt an der Bucht der Klosterburg Mont-Saint-Michel (siehe Seite 64), die der Legende nach von Bischof Saint Aubert im 8. Jahrhundert auf Geheiß des Erzengels Michael gegründet wurde. Sehenswert sind das *Museum im Bischofspalast* (15. Jahrhundert), mit Handschriften und Drucken vom 8. bis 15. Jahrhundert, und ein Reliquien-Kreuz des Thomas Becket von Canterbury. Von der Terrasse «La Plate-Forme» und vom Botanischen Garten aus hat man einen schönen Blick über die Umgebung.

BAGNOLES-DE-L'ORNE ② am Südrand der «Normannischen Schweiz» ist, zusammen mit Tessé-la-Madeleine, das größte Heilbad Westfrankreichs. Es verfügt sogar über eine radioaktive heiße Mineralquelle – einmalig in dieser Region. Die Anwendung empfiehlt sich vor allem bei Kreislaufbeschwerden. Die idyllische Lage des Städtchens inmitten von Wäldern zwischen Park, See und dem Flüßchen Vée verlockt auch Kerngesunde zum Besuch (Saison vom 5. Mai bis 28. Oktober).

BAYEUX ③. Die Stadt geht auf eine keltische Gründung zurück, war unter den Römern römisches Stadtgebiet und wurde im 10. Jahrhundert Residenz der herzoglichen Dynastie der Normandie. Die Kathedrale *Notre-Dame* in der sehenswerten Altstadt von Bayeux wurde 1077 von Bischof Odo, dem Bruder Wilhelms des Eroberers, gegründet. Odo gab auch den berühmten «Teppich von Bayeux» (siehe Seite 32) in Auftrag. Dieses Kunstwerk dokumentiert eindrucksvoll Wilhelms «Schlacht um England» und ist im Museum *Centre culturel Guillaume-le-Conquérant* zu besichtigen.

CABOURG ④. Das Seebad im Département Calvados ist eine reizvolle Stadt, mit radial verlaufenden Straßenzügen, die zur Zeit des Zweiten Kaiserreichs gegründet wurde. An der Mündung des Dives liegt ein großer Jachthafen. Marcel Proust verewigte den Ferienort seiner Jugend in seinem Roman «Auf der Suche nach der verlorenen Zeit» unter dem Namen «Balbec» (siehe Seite 38).

CAEN ⑤. Hauptstadt des Départements Calvados und des Wirtschaftsraums Basse-Normandie mit einer starken Verwurzelung in der Frühzeit des normannischen Herzogtums. Die beiden großartigen romanischen Abteikirchen *La-Trinité* und *Saint-Étienne*, von Wilhelm dem Eroberer und seiner Frau Mathilde gegründet, stammen im wesentlichen aus dem 11. Jahrhundert. Sehenswert sind auch die romanische Kirche *Saint-Nicolas* (1083) und die spätgotische Kirche *Saint-Pierre* (aus dem 13. und 16. Jahrhundert). Die Universität besteht seit 1432. Das von Wilhelm dem Eroberer gegen Ende des 11. Jahrhunderts erbaute Herzogschloß *(Château)* wurde in den folgenden Jahrhunderten mehrmals vergrößert und verstärkt. Es birgt heute ein hervorragend bestücktes Museum mit Gemälden und Fayencen vom 12. bis 18. Jahrhundert *(Musée des Beaux-Arts)* und das *Musée de Normandie*, das bis in die Wikingerzeit zurückverweist.
Der Hafen für Schiffe bis 15 000 Tonnen ist durch den Orne-Seitenkanal mit dem Meer verbunden (Ausfuhr von Erz und Stahl, Einfuhr von Erdöl, Kohle). Rund um Caen haben sich unter anderen die Montan-, die Elektro- und die Fahrzeugindustrie angesiedelt. Nach den Zerstörungen von 1944 fand in Caen ein vorbildlicher Wiederaufbau statt.

SPEKTAKULÄRE BRÜCKENBAUTEN

Die Seine-Brücke von Tancarville – 1959 fertiggestellt – war bis 1995 eine der größten und modernsten Hängebrücken Europas. Nach wie vor beeindrucken ihre Dimensionen: Die beiden mächtigen Pfeiler, an denen die 1400 Meter lange Brücke hängt, haben eine Höhe von 125 Metern.
Im Januar 1995 jedoch wurde 15 Kilometer seewärts zwischen Le Havre und Honfleur, wo die Seine in den Atlantik mündet, ein weiterer superlativer Brückenbau dem Verkehr übergeben: Der Pont du Normandie.
Die sensationellen Baudaten des Pont du Normandie übertreffen den Pont de Tancarville noch um einiges: 214 Meter hoch sind die beiden Brückenpfeiler. Von den Pfeilern spannen sich die Verstrebungskabel – 95 bis 450 Meter lang – wie Harfensaiten zur Stahlbrücke hinab. Der Brückenbogen verbindet mit beeindruckenden 856 Metern Spannbreite die Seine-Bucht. Selbst bei Flut schwebt der Bogen noch 15 Meter über den Wellen, so daß auch die größten Schiffe passieren können. Die Länge der Hängebrücke mit den Rampen beträgt insgesamt 2141 Meter. Mit umgerechnet rund 800 Millionen Mark werden die Gesamtkosten des gigantischen Bauwerks beziffert, die durch eine Mautgebühr von rund zehn Mark pro Fahrzeug wieder erwirtschaftet werden sollen.

Links: Die Kathedrale Notre-Dame in Bayeux mit ihrem interessanten Skulpturenschmuck an den Portalen (oben und unten) zählt zu den schönsten gotischen Kirchen Frankreichs. Ursprünglich war der Teppich von Bayeux (siehe Seite 32) als Dekoration für die Kathedrale gearbeitet worden.

Oben: Der Pont de Tancarville, gigantischer Brückenbau über die Seine aus dem Jahr 1959.

er im 15. Jahrhundert, und wirkt – immer wieder um- und ausgestaltet – wie ein Schloß aus dem Musterbuch französischer Baukunst. Von der Gotik über den Flamboyant-Stil bis hin zur Renaissance – weist diese Wasserburg alles auf, was ritterlich und malerisch wirkt: spitze Türme und Türmchen, Erker und Balustraden, Galerien und Arkaden. Ein Park, Teiche und zwei reizvolle Taubenhäuser runden das märchenhafte Erscheinungsbild ab.

CHERBOURG ⑧ wurde im 17. Jahrhundert von dem berühmten Festungsarchitekten Marschall de Vauban zu einem starken Überseehafen ausgebaut. Noch heute überblickt man aus 112 Meter Höhe die Stadt, Militär- und Handelshafen vom Fort du Roule aus wie ein Feldherr. Neben dem atlantischen Passagierdienst sorgen der Fischerei- und der Jachthafen sowie die Werft für regen Schiffsverkehr. Im *Musée Thomas Henry*

Links: Caen, wirtschaftliches und kulturelles Zentrum der Basse-Normandie, ist Verwaltungssitz des Départements Calvados. Die Universitätsstadt wurde im Zweiten Weltkrieg fast völlig zerstört. Erhalten blieb die mittelalterliche Altstadt mit den beiden Abteikirchen, den Kirchen Saint-Nicolas und Saint-Pierre und dem zur Festung ausgebauten Herzogsschloß.

Rechts: Am ersten Wochenende im Mai findet in Coutances das bekannte Festival «Jazz sous les Pommiers» statt (oben) und Mitte September der «Foire Sainte-Croix» in Lessay, ein Jahrmarkt, auf dem Pferde verkauft werden (unten).

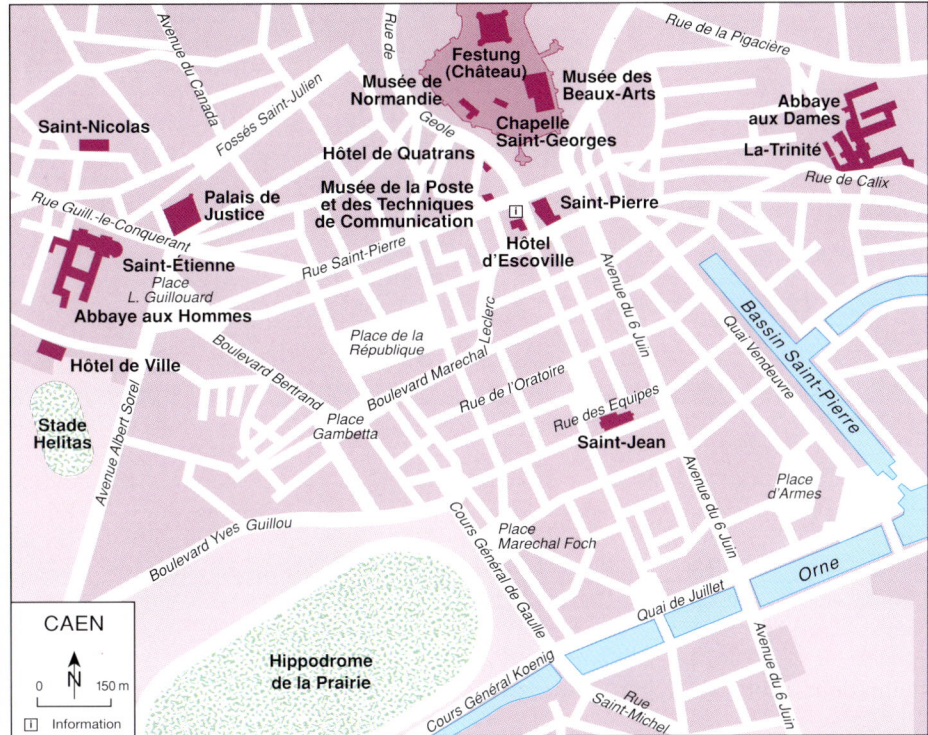

CAEN

0   150 m

ⓘ Information

PFERDEZUCHT

In der Normandie hat die Pferdezucht eine lange Tradition. Sie ist heute noch der wichtigste Wirtschaftszweig der Region um Caen, Cabourg, Lisieux und Deauville, wo auch die großen Auktionen stattfinden. Das bisweilen rauhe Klima und das Futter der üppigen grünen Weiden sorgen für die Widerstandskraft und gesunde Konstitution der Pferde. Sportpferde, Arbeits- und Rennpferde werden auf rund 1400 Gestüten gezüchtet. Jährlich kommen 3000 Fohlen auf die Welt. Es gibt 610 Trabergestüte, 326 Gestüte für Reitpferde, 128 Ponygestüte und 86 Gestüte für die Araber-Zucht und die Zucht anglo-arabischer Pferde. Besonders berühmt sind die weißen Percheron-Arbeitspferde, die schon seit dem 8. Jahrhundert gezüchtet werden.

CARTERET ⑥, zusammen mit dem angrenzenden Ort Barneville, rühmt sich mit Recht, eines der schönsten Seebäder der Halbinsel Cotentin zu sein. Der Zöllnerweg am Rand der Granitklippen von *Cap Carteret* gewährt weite Ausblicke. Das romanische Schiff der *Kirche in Barneville* aus dem 11. Jahrhundert ist sehenswert, denn hier kann man seltene, skulptierte Kapitelle mit Tiermotiven und orientalischen Mustern und anderen Dekorationen bewundern.

CHÂTEAU D'O ⑦. Der mächtige Renaissance-Bau liegt im Pays d'Argentan nördlich von Alençon. Begonnen wurde

findet man sehenswerte Landschaften des normannischen Malers Jean-François Millet (1814 – 1875). Dokumente zur jüngeren Geschichte (besonders zur Invasion der Alliierten 1944) zeigt das *Musée de la Guerre et de la Libération*.

COUTANCES ⑨. Bischofssitz und kirchliches Zentrum der Halbinsel Cotentin. Coutances zeichnet sich durch seine *Kathedrale* (frühes 13. Jahrhundert) aus. In diesem Hauptwerk normannischer Gotik wurden auch Einflüsse englischer Gotik verarbeitet. Beeindruckend sind die Doppelturmfassade mit rosengeschmückter Arkadengalerie (*Galerie des*

Roses) und die Hocharkaden, der fünfschiffige Chor und das Vierungsoktogon mit eindrucksvollem Sterngewölbe.

D-DAY-STRÄNDE ⑩. Eine Bezeichnung, die sich seit der Landung der alliierten Streitkräfte am 6. Juni 1944 für den Küstenbereich vor Caen und Bayeux bis hin zur Halbinsel Cotentin auch auf Reisekarten eingebürgert hat. Die einzelnen Abschnitte trugen die militärischen Code-Namen Sword Beach, Juno Beach, Gold Beach, Omaha Beach und Utah Beach (von Ost nach West). Von den schweren Kämpfen zeugen die zahlreichen Soldatenfriedhöfe beider Armeen.

So ruhen allein auf dem zwei Hektar großen Gräberfeld von *La Cambe* bei Isigny 21 500 deutsche Soldaten. Den Verlauf der Schlacht dokumentiert das *Musée de la Guerre et de la Libération* in Cherbourg (siehe Seite 67).

DEAUVILLE ⑪ zählt zu den illustren Seebädern der Belle Époque (siehe Seite 22). An den Glanz und eleganten Lebensstil jener Epoche, die als Pendant zur deutschen Gründerzeit nur unzureichend charakterisiert ist, erinnern noch *Spielcasinos*, die *Strandpromenade*, der *Jachthafen*, die beiden Spazierwege *La Touques* und *Claire fontaine*, Villen und Luxushotels wie das *Normandy* und das *Royal*. Die Saison bietet manches gesellschaftliche Ereignis. Einen Hauch der großen weiten Welt – à l'américaine – bringt das Festival des amerikanischen Films, das den großen Produktionen Hollywoods und ihren Stars gewidmet ist.

DIEPPE ⑫. Hafenstadt mit reicher Seefahrertradition: Entdeckungsreisen, Kaperunternehmen, der Seehandel mit fernen Ländern, Abenteuer – über all das berichtet das Historische Museum im ehemaligen Gouverneursschloß (14. bis 17. Jahrhundert). Im Kunstmuseum, ebenfalls im *Musée du Château* etabliert, verdient die breitgefächerte Elfenbeinsammlung besondere Beachtung. Unter den Sakralbauten ist die Kirche *Saint-Jacques* (13./14. Jahrhundert), umgeben von kleineren Kapellen, die ungefähr gleichzeitig von reichen Familien gestiftet wurden, hervorzuheben. Ein Besuch der Kapelle *Notre-Dame-de-Bon-Secours* auf der Klippe über dem Hafen empfiehlt sich schon wegen der Aussicht.

ÉTRETAT ⑬, ein idyllisches, doch immer noch elegantes Seebad, hat eine Reihe von Autoren und Malern inspiriert. Bei Étretat denkt man vor allem an den Impressionisten Claude Monet, der für einige seiner Gemälde den etwa 90 Meter hohen Kreidefelsen *Falaise d'Aval* mit dem monumentalen Bogen und die *Falaise d'Amont* als Motiv verwendete. Beide Felsen sind begehbar. Kurz vor der Küste erhebt sich die Felsnadel *L'Aiguille* 70 Meter aus dem Meer. Ein herrlicher Blick bietet sich von der Seemannskapelle *Notre-Dame-de-la-Garde*.

ÉVREUX ⑭. Die Stadt wurde im Zweiten Weltkrieg stark zerstört. Besonders sehenswert ist die Kathedrale *Notre-Dame* mit wunderschönen Glasfenstern aus dem 13. bis 16. Jahrhundert. Im *Bischöflichen Palais* nebenan befindet sich heute ein Museum. Der gotische

Reliquienschrein in der ehemaligen Abteikirche *Saint-Taurin* gilt als der wertvollste Reliquienschrein in Frankreich.

FÉCAMP ⑮. Malerisch gelegenes Seebad mit Hafen. Bemerkenswert sind die Wallfahrtskirche *Sainte-Trinité*, sowie das *Musée de la Bénédictine*, ein imposantes Bauwerk aus dem 19. Jahrhundert. Wer sich für die vor- und neoimpressionistische Malerei interessiert, sollte das *Musée Ceuthe-des-Arts* besuchen. Das interessante *Musée des Terre-Neuvas* erinnert an die Neufundlandfahrten der Kabeljaufischer.

GIVERNY ⑯. Hier lebte und malte der Impressionist Claude Monet. Sein Haus mit Garten kann man besichtigen. Der japanische Wassergarten mit Lilien und Seerosen bildet die Sujets seiner letzten Bilderserien (siehe Seite 14).

GRANVILLE ⑰. Badeort und Hafenstadt mit besonders schöner befestigter Altstadt. Im Festungskomplex der *Grande Porte* befindet sich das *Musée du Vieux-Granville* (Marine- und Seefahrtsmuseum). Vom Leuchtturm an der *Pointe du Roc* aus genießt man einen herrlichen Ausblick.

Oben: Am Hafen von Barfleur auf der Halbinsel Cotentin.

Rechts oben: Eugène Boudin hielt die Stimmung von Honfleur in seinem Gemälde «Normannische Waschfrauen am Strand» von 1873 fest.

Unten: Im Vieux Bassin, dem alten Hafen von Honfleur.

HAMBYE ⑱**.** Gut drei Kilometer südlich des gleichnamigen Orts, inmitten des bewaldeten Sienne-Tals, liegen die weitflächigen Ruinen einer romanisch-gotischen Benediktinerabtei aus dem 12. bis 13. Jahrhundert.

HARAS DU PIN ⑲ liegt im Département Orne, in der Nähe von Argentan. Das bekannte, aus der Zeit Ludwigs XI. stammende Gestüt, wird das «Versailles des Pferdes» genannt. Hier werden Reit- und Zugpferde sowie die prächtigen Percherons, die schweren Arbeitspferde, gezüchtet (siehe Seite 67).

HONFLEUR ⑳**.** An der Seine-Mündung gelegene reizvolle Stadt. Das alte Hafenbecken *(Vieux Bassin)*, die Kirche und die alten Straßen bilden ein harmonisches Ensemble. Täglich wird im Hafen frischer Fisch angelandet. Der Charakter und die Atmosphäre von Honfleur haben Maler und Schriftsteller inspiriert: Als die Küste der Normandie bei den Romantikern in Mode kam, nahmen der Dichter Alfred de Musset und andere Künstler hier ihren Aufenthalt. Zu den schönsten Erlebnissen in Honfleur zählt ein Rundgang durch die Straßen und Gassen der *Altstadt.* Die über dem Vieux Bassin aufragenden alten Häuser, aus Holz oder schiefergedeckt, bieten einen reizvollen Anblick. Einen Besuch wert ist das *Musée Eugène-Boudin* mit Werken des in Honfleur geborenen Malers (siehe Kasten rechts).

JUMIÈGES ㉑**.** In herrlicher Umgebung an der unteren Seine liegen diese Ruinen einer Abtei, die zu den großartigsten Frankreichs zählen. Die Abtei

DAS MUSÉE EUGÈNE BOUDIN IN HONFLEUR

Die Kunstgeschichte steckt voller Anekdoten über das Verhältnis Lehrer – Schüler. Besonders pikant sind sie, wenn der Schüler den Lehrer weit in den Schatten stellt. Claude Monet (1840 – 1926), der mit 17 Jahren in seiner Freizeit Karikaturen zeichnete, wollte von dem Maler Eugène Boudin überhaupt nichts wissen, als ihn jener ansprach und sagte, er habe mehr Talent als zu Witzzeichnungen. Beide stellten zusammen im Schaufenster einer Rahmenhandlung in Honfleur aus. Monet hat sich über die atmosphärischen Landschaften und Seestücke des um 13 Jahre älteren Kauzes stets mokiert. Aber dann wanderte er doch mit Eugène Boudin in die Natur und lernte, das Licht und die Farben direkt von der Netzhaut auf die Leinwand zu übertragen, das heißt impressionistisch zu malen. Den Erfolg, schwer genug erarbeitet, verdankte Claude Monet vor allem der Maxime seines Mentors Boudin: «Was man im Freien malt, hat Kraft und Frische, die man im Atelier nicht erreicht.» Die Hafenstadt Honfleur widmete seinem als Vor-Impressionisten geschätzten Sohn das *Musée Eugène Boudin* an der Place Eric-Satie. Neben dem reichen Boudin-Œuvre werden auch einige Gemälde Monets gezeigt. Eugène Boudin, geboren am 13. Juli 1827 in Honfleur, verstarb am 8. August 1898 in Paris.

wurde im 11. Jahrhundert auf den Überresten eines früheren Baus aus dem 7. Jahrhundert errichtet. Am besten erhalten ist die ehemalige Abteikirche *Notre-Dame*. Die Fassade der mit der Abteikirche verbundenen kleineren Kirche *Saint-Pierre* ist ein bemerkenswertes Beispiel normannischer Baukunst aus dem 10. Jahrhundert.

LE HAVRE ㉒. Die am Nordufer der Seine-Mündung gelegene, im Zweiten Weltkrieg völlig zerstörte Stadt wurde von dem Architekten Auguste Perret im modernen Stil neu aufgebaut. Le Havre gehört zu den größten Hafenstädten Europas. Lohnend ist eine Hafenrundfahrt oder eine Besichtigungstour durch das Hafengebiet. Im ganz aus Glas und Metall errichteten *Musée des Beaux-Arts André Malraux* befinden sich bedeutende Sammlungen der beiden normannischen Maler Eugène Boudin (1824 bis 1898) und Raoul Dufy (1877 – 1953). Außerdem werden hier Werke der spanischen, niederländischen und französi-

schen Schule des 19. Jahrhunderts gezeigt. Das *Musée de l'Ancien Havre*, das in einem restaurierten, typisch normannischen Bürgerhaus aus dem 17./18. Jahrhundert eingerichtet wurde, enthält unter anderem eine Sammlung, die sich mit der Geschichte Le Havres befaßt. Der hübsche Vorort *Sainte-Adresse*, mit seinen terrassenförmig angelegten Villen und Gärten, war einst ein belebtes maritimes Zentrum. Vom *Fort de Sainte-Adresse* genießt man einen weiten Blick auf Le Havre, den Hafen und die *Côte de Grace*.

LE TRÉPORT ㉓. Seine Nähe zu Paris macht den kleinen Fischereihafen zu einem beliebten Ausflugsziel. Das Städtchen ist der letzte Ort an der Grenze zur Picardie. Auf der Klippe über der Stadt

befindet sich eine Terrasse mit einem der wenigen *Calvaires* der Normandie. Von hier aus genießt man einen weiten Blick über Stadt, Land und Meer.

LES ANDELYS ㉔. An einem der schönsten Abschnitte der Seine-Landschaft liegt Les Andelys, das aus den Ortsteilen Le Petit-Andely und Le Grand-Andely besteht. Im «großen» Ortsteil steht die Kirche *Notre-Dame* (13.–15. Jahrhundert). Einen Besuch lohnt das *Musée Nicolas Poussin*. Das Seine-Tal wird hier

von der Ruine der Höhenburg *Château Gaillard* überragt, die der englische König Richard Löwenherz 1196/97 als «uneinnehmbare» Festung erbaute: Doch erobert wurde sie schon im Jahr 1204 von König Philippe II Auguste. Im Jahr 1603 befahl König Heinrich IV. von Frankreich, die Festungswerke zu schleifen. Heute existieren von der Burg noch Teile der Ringmauer und der Burgkern.

LISIEUX ㉕. Wirtschaftliches und industrielles Zentrum des Pays d'Auge. Im Jahr 1925 wurde die mit 15 Jahren in den Karmeliterorden von Lisieux eingetretene Nonne Thérèse Martin (1873 bis 1897) heiliggesprochen. Neben der ihr zu Ehren erbauten neuen *Basilika* ist die gotische Kathedrale *Saint-Pierre* aus dem 12. Jahrhundert einen Besuch wert.

MONT-SAINT-MICHEL ㉖. Auf einer Insel im Meer liegt die Klosterburg, die 708 begründet wurde (siehe Seite 64).

MORTAGNE-AU-PERCHE ㉗. Die ehemalige Hauptstadt der Region Perche im Südosten der Normandie, steht auf einem Hügel über grünen Tälern. Feinschmecker rühmen ihren *boudin noir* (Blutwurst). Sehenswert ist die Kirche *Notre-Dame* mit wuchtigem viereckigem Turm und Renaissance-Portal.

Links oben: Im Hafen von Le Havre.

Links: Das Bureau des Finances in Rouen.

Rechts: Am Kulturzentrum von Le Havre, einem Bau des brasilianischen Architekten Oscar Niemeyer aus den achtziger Jahren.

ROUEN ㉘. Das Wirtschafts- und Industriezentrum der Normandie, beiderseits der Seine gelegen, gilt als eine der schönsten Provinzmetropolen mit zahlreichen Sehenswürdigkeiten. Die *Altstadt*, mit hübschen mittelalterlichen Gebäuden und Renaissance-Häusern rings um die *Kathedrale*, wurde restauriert und für den Autoverkehr gesperrt. Vom *Place du Vieux-Marché* aus verläuft in Richtung Osten die berühmteste Straße Rouens: die belebte *Rue du Gros-Horloge* mit Fachwerkhäusern aus dem 15. bis 17. Jahrhundert; einen Torbogen ziert die *Gros-Horloge* – die Große Uhr –, das Wahrzeichen der Stadt. Sehenswert ist die Kathedrale *Notre-Dame*,

eines der schönsten Beispiele französischer gotischer Baukunst. Außerdem sollte man nicht versäumen: die *Rue Saint-Romain*, Kirche und Kloster *Saint-Maclou*, die Abtei *Saint-Ouen* und den *Palais de Justice*, das *Musée des Beaux-Arts* und das *Musée de la Céramique*, mit einer Sammlung kostbarer Fayencen (siehe Stadtplan unten).

SEINE-TAL ㉙. Die Seine und ihr Tal mit den Naturschönheiten, den vielen Schlössern und anderen Monumenten, die an ihren Ufern erbaut wurden, machen die Landschaft dieses Flußtals zu einer der touristischen Hauptattraktionen der Normandie.

Oben: Der Damm zum Leuchtturm an der Kaistraße von Le Tréport.

Rechts oben: Hell und weit ist das Mittelschiff der gotischen Kathedrale von Rouen.

Links: Rouen, Hauptstadt des Départements Seine-Maritime, hat knapp 120 000 Einwohner. Sehenswert ist der mittelalterliche Altstadtkern um die gotische Kathedrale Notre-Dame.

Rechts: Wahrzeichen von Rouen ist die Gros-Horloge, eine kostbare Turmuhr aus dem 16. Jahrhundert.

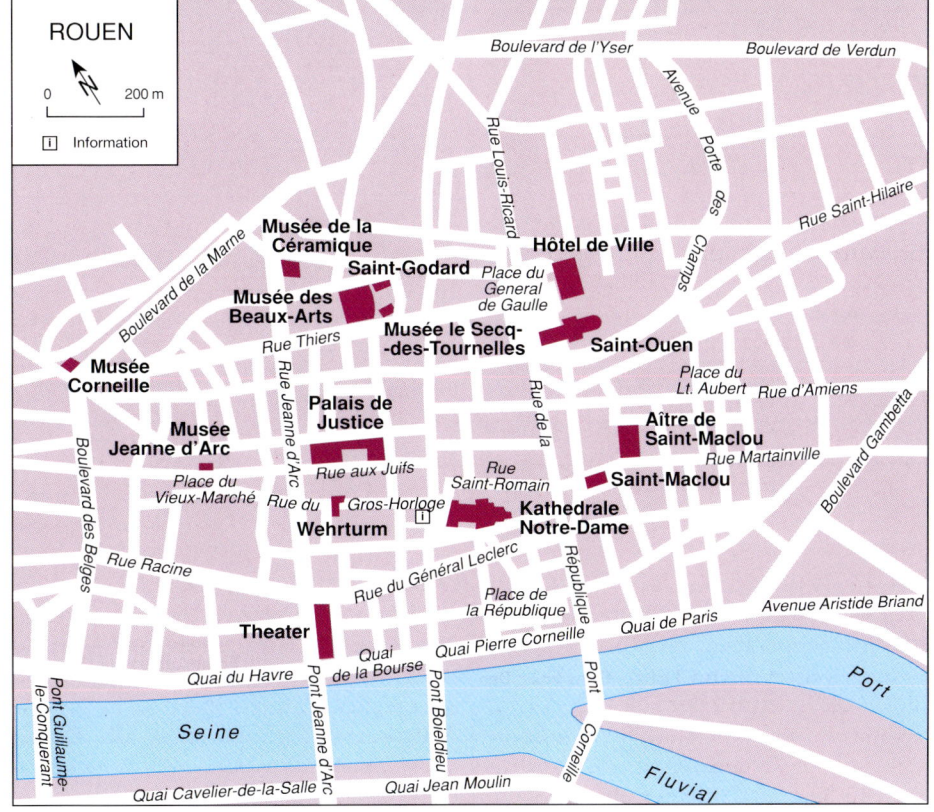

TROUVILLE ㉚. Ältestes Seebad am östlichen Ende der Côte Fleurie mit wunderbar feinsandigem Strand und einem Flair von Belle Époque (siehe Seite 22).

STANDHAFT BIS ZUM TOD
Jeanne d'Arc

Ein zwanzig Meter hohes Kreuz auf dem Marktplatz von Rouen erinnert an Jeanne d'Arc, die «Jungfrau von Orléans» und Schutzpatronin Frankreichs, die an dieser Stelle im Jahr 1431 auf dem Scheiterhaufen starb.

Selten hatte eine Gestalt der Geschichte so viele Fürsprecher auf ihrer Seite – wenn auch viel zu spät, um auf ihr Schicksal Einfluß zu nehmen. Als Johanna 1431 in Rouen auf dem Place du Vieux-Marché auf dem Scheiterhaufen stand, war sie von den Menschen verlassen, die ihr viel verdankten. Wofür sollte sie büßen?

So klar und schlicht ihr Wesen wohl war, so vieldeutig reflektiert die Person der Johanna von Orléans doch all die Charaktere, die Dichter ihrer Gestalt gaben: ob der Idealist Schiller, der vom

«himmlischer Stimmen», das Vaterland rettet und durch einen Pakt von Landesverrätern und eines Inquisitionsgerichts unter ausländischer Regie auf dem Scheiterhaufen stirbt, ist ebenso erschütternd wie wundersam. Mag die Person der Johanna auch im Innern komplex gewesen sein – der Ire Shaw sah in ihr die erste Protestantin, die erste Nationalistin und die erste Vertreterin einer modernen Kriegsführung –, die äußeren Fakten ihres verklärten Lebens sind rasch erzählt: Johanna wurde zwischen 1410 und 1412 in Domrémy in Lothringen geboren. Jeanne la Pucelle, «die Jungfrau», wie sie sich selbst nannte, war ein Kind von Landleuten, die einen eigenen Hof besaßen. Als sie etwa 16 Jahre alt war, wurde sie von burgundischen Truppen mit den Eltern und anderen Bewohnern aus ihrem Dorf vertrieben. Sie war also ein Flüchtlingskind. Nun begann Johanna Stimmen zu hören, sie solle die Feinde verjagen. Ihre Feinde sind Frankreichs

Königstreuen saßen in der Festung Orléans, von den Feinden hart bedrängt. Die himmlischen Stimmen sagten Johanna, sie solle die besetzte Stadt Orléans befreien und den Dauphin Karl zur Krönungskathedrale nach Reims führen. Beides wurde Realität.

Auf wunderbare Weise schenkten ihr die Menschen Vertrauen. Das französische Heer, dem sie mit Lilienbanner und Schwert nach Orléans voranzog, besiegte die Belagerer im Jahr 1429, und der Dauphin wurde in Reims als König Karl VII. gekrönt. So leicht befriedigt, hörte der schwache Monarch auf Einflüsterungen der Höflinge, Frieden mit England zu schließen. Johanna, die weiterkämpfte, wurde von Burgundern bei Compiègne gefangen und an England ausgeliefert. Karl VII. unternahm nichts. In Rouen wurde Johanna von einem geistlichen Gericht als Zauberin und Ketzerin zu lebenslangem Kerker verurteilt. Das war England zu milde und so rollte man den Fall wieder auf. Johanna wurde am 30. 5. 1431 in Rouen als Hexe auf dem Scheiterhaufen verbrannt, sie hielt ihre inneren Stimmen noch

Jeanne d'Arc leitete den Sturm auf Paris (oben; Buchmalerei, um 1484) und führte Karl VII. zur Krönung (Bildteppich, um 1460).

Weltkrieg erschütterte Zyniker George Bernard Shaw, der Marxist Brecht oder der Katholik Paul Claudel. Auch der Film, vom Stummfilm bis zum Spielfilm von Jacques Rivette, nahm sich der Story an. Die Lebensgeschichte der Unschuld vom Lande, die, auf Befehl

Feinde. Denn ihr Unglück war mit dem Schicksal ihres Vaterlands verknüpft. Frankreich befand sich in einer schmachvollen Phase des Hundertjährigen Kriegs gegen England, das mit Hilfe der Burgunder Paris und weite Landesteile erobert hatte. Die letzten

immer für wahr. Fünf Jahre später begann nach ihrem Vorbild die Befreiung Frankreichs mit dem Aufstand des Volks von Paris. 1456 hob die Kirche ihre Verurteilung auf. 1920 heiliggesprochen, wurde Johanna zur Patronin Frankreichs erklärt.

Der Mont-Saint-Michel ist das beliebteste Ausflugsziel der Normandie. In den Sommermonaten drängen sich die Besucher durch die engen Gassen auf dem Klosterberg. Besonders in der Nähe der Porte de l'Avancée stauen sich die Touristenströme. Hotels, Restaurants, Crêperien und Souvenirläden liegen hier dicht nebeneinander.

Alte Flußmühle an der Seine in der Nähe von Vernon.

Am Vieux Bassin, dem von schmalen, schieferverkleideten Häusern umgebenen alten Hafen von Honfleur.

Blick auf den Strand bei Étretat mit den alabasterweißen Kreidefelsen.

Dieter Strauß, geboren in Karlsbad/Spielberg. Als Fotograf Autodidakt. Zahlreiche Veröffentlichungen in Fotozeitschriften und Bildbänden. Im Verlag C. J. Bucher Bildautor von Reisen in Europa «Bretagne». Lebt in Bruchsal.

Weitere Titel aus dieser Reihe:

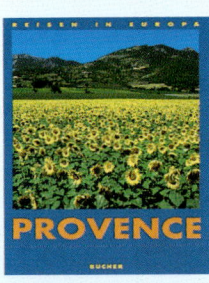

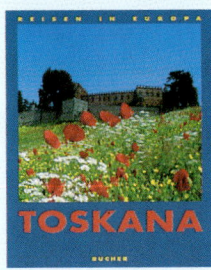

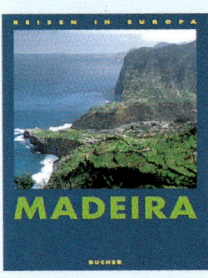

TEXTNACHWEIS

Antoine Blondin, Calvados und Camembert. Übersetzt von Gertrud Strub. In: Merian Normandie. Hamburg, Hoffmann und Campe Verlag, 1967: S. 1.
Marcel Proust: Auf der Suche nach der verlorenen Zeit. Band II. Im Schatten junger Mädchenblüte. Zweiter Teil. Übersetzt von Eva Rechel-Mertens. Frankfurt am Main: Suhrkamp Verlag 1981. © Suhrkamp Verlag, Frankfurt am Main, 1954: S. 14.
Alle Themen-Essays stammen von Paul Otto Schulz.

BILDNACHWEIS

Archiv für Kunst und Geschichte, Berlin: S. 10, 14 o. und M.l., 32 l., 33 u., 38 (2), 58 u., 69 o.r., 72 (2).
CDT Manche/H. Guermonpréz, St.-Lô: S. 67 o.r. (2).
CRT Normandie/G. Rigoulet, Évreux: S. 42 u.
Ifa-Bilderteam, München: S. 29 u.
Interfoto, München: S. 32 u., 32/33 o.
Länderpress, Mainz: S. 12 u., 13 u., 37 u., 66/67 o.
Martin Thomas, Aachen: S. 24 u., 43 u., 59 o., 60 o.r., 61, 62 M.r. (3), 64/65 o., 69 u., 70 o.l., M. und u.r., 71 o.r.
Marton Radkai, Wien: S. 64 u.
Office du Tourisme, Musée du Camembert, Vimoutiers: S. 60 u.l.
Photographie Giraudon, Vanves: S. 34, 64 l.
Roger Viollet, Paris: S. 14 u.r., 22, 28 u. und M.r., 29 u.l., 58 o., 60 u., 62 M.l., 63 u.l.
Ulrich Kerth, München: S. 60 M.r.

Die Karten auf den Seiten 57, 65, 67 und 71 zeichnete Astrid Fischer-Leitl, München.

Seite 1: Calvados.

Wir danken allen Rechteinhabern für die Erlaubnis zu Nachdruck und Abbildung. Trotz intensiver Bemühungen war es nicht möglich, alle Rechteinhaber zu ermitteln. Wir bitten diese, sich an den Verlag zu wenden.

Alle Angaben dieses Bandes wurden von den Autoren sorgfältig recherchiert und auf Stimmigkeit und Aktualität geprüft. Allerdings kann keine Haftung für die Richtigkeit der Informationen übernommen werden. Für Hinweise und Anregungen sind wir jederzeit dankbar. Zuschriften bitte an Verlag C. J. Bucher, Lektorat, Goethestraße 43, 80336 München.

REISEN IN EUROPA · NORMANDIE

Konzeption: Axel Schenck
Lektorat: Susanne Kronester, Antje Eszerski
Bildgestaltung: Joachim Hellmuth
Bilddokumentation: Urte Ehlers
Graphische Gestaltung: Martina Lingler, Angela Drees
Herstellung: Kristina Kaiser, Angelika Kerscher

Technische Produktion: Fotosatz Ressemann, Hochstadt
Lanarepro, I-Lana; Grafedit, I-Azzano S. Paolo

© 1996 by Verlag C. J. Bucher GmbH, München
Alle Rechte vorbehalten
Printed and bound in Italy
ISBN 3 7658 1088 6

Paul Otto Schulz, geboren in Herten/Westfalen. Seit rund 25 Jahren als Autor und Journalist tätig. Autor mehrerer Bände des Verlags C. J. Bucher, darunter Reisen in Europa «Bretagne». Lebt in München und Berlin.

Margret Schulz-Wenzel, geboren in Recklinghausen. Als Übersetzerin und Autorin tätig. Begleitet ihren Mann auf den meisten seiner Reportagereisen. Im Verlag C. J. Bucher Mitautorin des Bands Reisen in Europa «Bretagne».

Zwei große europäische Kunstthemen:

DIE NATIONEN EUROPAS

DIE BALTISCHEN STAATEN
ISBN 3-7658-0969-1

BELGIEN LUXEMBURG
ISBN 3-7658-1097-5

DÄNEMARK
ISBN 3-7658-0737-0

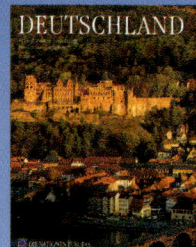

DEUTSCHLAND
ISBN 3-7658-0961-6

ENGLAND
ISBN 3-7658-0863-6

FINNLAND
ISBN 3-7658-0942-X

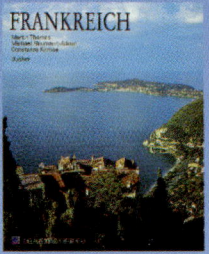

FRANKREICH
ISBN 3-7658-0888-1

GRIECHENLAND
ISBN 3-7658-1015-0

IRLAND
ISBN 3-7658-0923-3

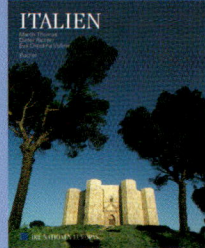

ITALIEN
ISBN 3-7658-0973-X

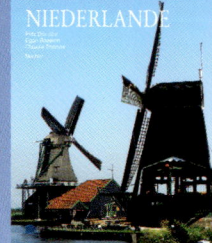

NIEDERLANDE
ISBN 3-7658-1062-2

NORWEGEN
ISBN 3-7658-0859-8

ÖSTERREICH
ISBN 3-7658-1025-8

POLEN
ISBN 3-7658-1063-0

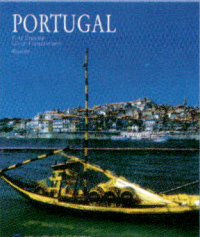

PORTUGAL
ISBN 3-7658-1030-4

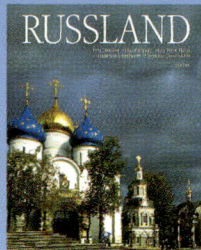

RUSSLAND
ISBN 3-7658-0880-6

SCHOTTLAND
ISBN 3-7658-0878-4

SCHWEDEN
ISBN 3-7658-0943-8

SCHWEIZ
ISBN 3-7658-0974-8

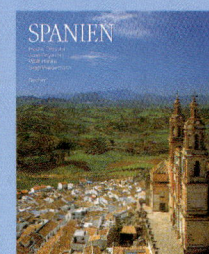

SPANIEN
ISBN 3-7658-0762-1

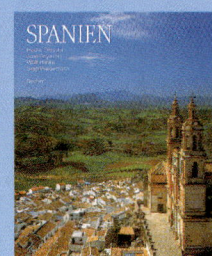

TSCHECHIEN SLOWAKEI
ISBN 3-7658-1061-4

UNGARN
ISBN 3-7658-0813-X

Jeder Band 160 Seiten, durchgehend farbig, historische Bilddokumentation, Themen-Essays, Karten, Format 24 x 30 cm, gebunden mit farbigem Schutzumschlag, Vor- und Hintersatz Europakarte.

B BUCHER
Maßstab für Bildbandqualität